El GRAN libro de los pequeños Reposteros

Chef Cecilia Fassardi

ALBATROS
TUS MARAVILLAS

Coordinación y Dirección de arte: María Laura Martínez
Edición: Cecilia Repetti
Diagramación y armado: Jorge Deverill
Fotografía: Juanjo Bruzza
Producción fotográfica: Cecilia Fassardi y María Florencia Díaz

EL GRAN LIBRO DE LOS PEQUEÑOS REPOSTEROS
1ª edición - 1ª reimp - 2500 ejemplares
Impreso Pausa Impresores S.R.L
Av. Belgrano 2460, Avellaneda, Provincia de Buenos Aires.
septiembre 2015

Copyright © 2012 by EDITORIAL ALBATROS SACI
J. Salguero 2745 5º - 51 (1425)
Buenos Aires - República Argentina
E-mail: info@albatros.com.ar
www.albatros.com.ar

ISBN 978-950-24-1374-7

Se ha hecho el depósito que marca la ley 11.723.

No se permite la reproducción parcial o total, el almacenamiento, el alquiler, la transmisión o la transformación de este libro, en cualquier forma o por cualquier medio, sea electrónico o mecánico, mediante fotocopias, digitalización u otros métodos, sin el permiso previo y escrito del editor. Su infracción está penada por las leyes 11.723 y 25.446.

LIBRO DE EDICIÓN ARGENTINA

Fassardi, Cecilia
   El gran libro de los pequeños reposteros. - 1a ed. - 1a reimp - Buenos Aires : Albatros, 2015.
   96 p. : il. ; 26x19 cm.

   ISBN 978-950-24-1374-7

   1. Cocina de Niños. I. Título
   CDD 641.512 3

Dedicatoria

Dedico este libro a Jackie, mi marido y compañero incondicional, y a mis hijos, Ezequiel y Ariel, que comparten conmigo siempre todos mis emprendimientos, con mucho entusiasmo.

Agradecimientos especiales

A la Editorial Albatros, por su confianza en mí.
A mis padres, por estar siempre a mi lado alentándome en todos mis proyectos.
A Susana Escobar, mi ayudante de cocina y asistente.
A las empresas presentes en este libro, que confían y colaboran en mi proyecto en forma continua.
A todos mis alumnos, que están siempre presentes en mis libros.

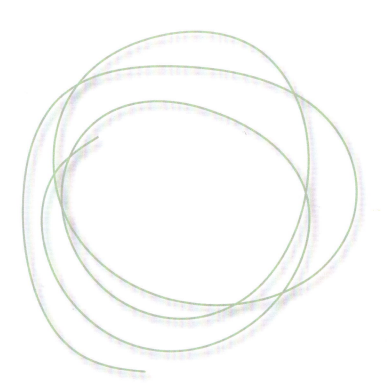

Agradecimiento a las siguientes empresas

El Nuevo Emporio
Bazar gastronómico especializado
www.elnuevoemporio.com.ar

Azúcar Chango
www.azucarchango.com.ar

Reina Batata
Bazar boutique
www.reinabatata.com.ar

Tiendas Mágicas
www.tiendasmagicas.com

Queridos cocineritos

Estoy muy contenta de compartir con ustedes este nuevo libro.

En esta oportunidad quiero enseñarles todos los secretos para cocinar delicias saladas y dulces, y así poder armar mesas ambientadas para festejar desde un cumpleaños hasta cualquier ocasión especial. Este libro será de gran ayuda también para los padres, ya que nos consultan con frecuencia sobre estos temas.

Para este tipo de ocasiones he dividido las recetas en grupos:
- los famosos cupcakes, los popcakes o los pops de los cocineritos; todos con distintos tipos de masas y decoraciones con distintas opciones.
- las cookies grandes y decoradas con distintas formas, las cookies rellenas y los alfajorcitos.
- Las barritas de cereal, las golosinas y los cuadrados bien fáciles.
- Las copas, los shakes, los licuados y los smoothies, que ocupan un lugar importante... ¡a la hora de festejar!
- La torta de cumpleaños responde a las preguntas de siempre: ¿qué hago?, ¿cómo la decoro? Hay sugerencias fáciles que todo cocinerito puede resolver sin problemas o con muy poquita ayuda para crear algo original y alegre utilizando la propia creatividad.
- Por último, las mesas ambientadas combinan las recetas de acuerdo con el gusto de cada uno. Según la edad, el género y la ocasión, podemos armar y decorar distintas y atractivas mesas con todos los materiales que hoy están a nuestro alcance en casas de cotillón o tiendas especializadas para cumpleaños, festejos y eventos. Poner énfasis en la ambientación de la mesa según la temática elegida por el homenajeado o la ocasión es el toque final que garantiza el éxito de cualquier festejo.

Los invito entonces —utilizando este libro como guía— a abrir su imaginación combinando bases, frostings y decoraciones, para realizar sus propias creaciones. Y pueden contar conmigo para cualquier tipo de consulta enviando un correo electrónico, y todas sus dudas e inquietudes serán contestadas.

De todo corazón, ¡espero que lo disfruten! ¡Con mucho cariño!

Chef Cecilia Fassardi
Directora de la Escuela Argentina de Cocineritos.

Introducción para chicos y grandes

Para que la fiesta de cumpleaños sea un éxito y puedan disfrutar al organizarla es conveniente que chicos y grandes se ocupen de diferentes tareas con anticipación. Los cocineritos van a la escuela y los padres trabajan, así que haciendo un poquito cada día, evitarán la sensación de que el tiempo corre y tienen que hacer todos los preparativos juntos. Esta es una ocasión para que la planificación del festejo sea una actividad placentera en lugar de transformarse en una preocupación.

Cuando se organiza un cumpleaños, los preparativos previos son parte de una etapa muy creativa; los padres comienzan a pensar cuáles son las preferencias de los chicos, y surgen las preocupaciones porque no falte nada de lo que a ellos pueda alegrarlos y emocionarlos. Hacerlos sentir ese día superespeciales y verlos sonreír les hará olvidar de todo el esfuerzo que hayan hecho.

Disfruten de esta etapa previa al cumple, dado que el día de la fiesta pasa rápido.

Tips para preparar la fiesta de cumpleaños

- Primeramente, establecer cuál es el tiempo y el esfuerzo que pueden dedicar para planificar la fiesta.
- Decidir con un mes de anticipación el lugar donde celebrar el cumpleaños.
- Realizar junto con el homenajeado la lista de los invitados, ya que siempre tendrá bien en claro a quiénes quieren invitar.
- Establecer día y horario y duración de la fiesta. Esto dependerá de la edad del cumpleañero. Para los chicos más chiquitos —que seguramente van al jardín de infantes— es mejor hacer una fiesta de no más de 2 horas. Para fiestas de chicos a partir de 7 años en adelante, se podrá realizar un festejo más prolongado de hasta 3 horas de duración.
- Consultar y decidir con el homenajeado qué tipo de cumpleaños le gustaría tener. Según la edad y el lugar en el que se va a realizar la fiesta, existen distintas propuestas de animaciones infantiles.
- Si quieren organizar un cumpleaños original, es buena idea organizar las invitaciones, el cotillón, el armado de la mesa y el catering de acuerdo con la temática elegida. Hoy en día existen gran variedad de estos productos para elegir en las casas de cotillón según el personaje preferido de los chicos.

- Usar una agenda para anotar la lista de compras, las averiguaciones realizadas, el orden para los preparativos; y distribuir las tareas en base al tiempo que tengan disponible para ir cumpliendo con todos los ítems de la lista. Los que dispongan de menos tiempo tendrán que comenzar mucho antes con la organización.
- Enviar la invitaciones con 10 a 15 días de anticipación.
- Si es necesario, pedir ayuda a otras personas de la familia; siempre hay un abuelo o tío cercano dispuesto a colaborar.
- Una vez decidido el menú, hacer la lista de compras y pensar cuáles son las tareas que pueden hacerse con anticipación y cuáles las que hay que dejar para último momento.

Algunos consejos acerca de la vajilla, la comida y la bebida

- Comprar vajilla descartable de acuerdo con la temática elegida.

- Para los chicos más chiquitos es mejor evitar poner golosinas muy duras, escarbadientes y objetos cortantes en la mesa.

- Utilizar colores atractivos para las decoraciones, ya que a los chicos les gusta la comida decorada y con mucho colorido.

- Es mejor hacer bocados chicos, de otro modo se corre el riesgo de que muerdan una porción grande y la dejen sin terminar, con lo que queda comida dispersa por toda la mesa.

- Al momento de servir la torta, también es mejor manejarse con porciones chicas; se pueden servir en las servilletas para que las coman con la mano.

- En este libro encontrarán ideas para opciones dulces —temática sobre la que más nos consultan a la hora de preparar una linda presentación—. Ustedes tendrán que tener en cuenta también la cantidad de bocados salados que sirvan de acuerdo con el gusto de cada chico. Generalmente se aconsejan cinco a seis bocados salados, y cinco bocados dulces por cada chico.

- Los chicos toman mucho líquido, por lo cual es aconsejable ofrecer variedad de bebidas. En mayor proporción, jugos naturales y licuados; y en menor proporción, gaseosas. Siempre hay que tener agua mineral ya que hay chicos que solo toman agua.

- A la hora de servir, llenar los vasos solo hasta la mitad. Como generalmente suelen ser livianos, no solo se evitarán derrames sino también que tomen un trago y luego dejen los vasos casi llenos de líquido. Al rato, querrán servirse nuevamente, pero ahora en uno nuevo, con lo que quedarán vasos a medio servir por todos lados ya que difícilmente recuerden qué utilizaron.

Todo sobre los popcakes o popcocineritos

Los popcakes —que en este libro llamaremos "popcocineritos"— se realizan a partir de una masa básica de bizcochuelo de cualquier sabor, desmenuzada y mezclada con una pasta cremosa o "frosting".

El modelado manual de la pasta hasta obtener unas bolas de tortas, y el agregado del palillo y su decoración, los hace perfectos como regalo o para festejar una ocasión especial.

Hay varios tipos de popcocineritos:
- Popcocineritos tradicionales: de forma redonda.
- Popcocineritos con moldes de silicona: la forma será de acuerdo al molde elegido.
- Cookies Popcocineritos: la forma será de acuerdo al cortante de la cookie elegida.

Tips de los popcocineritos

- Para modelarlos con la mano, es conveniente usar una cuchara medidora del diámetro de una bola mediana, para asegurarse de que sean todas del mismo tamaño. No excederse con el tamaño, sino al bañarlos resultarán muy pesados y se romperán.

- Lavarse las manos con frecuencia mientras los están modelando para facilitar el trabajo.

- Trabajar con rollo de papel de cocina descartable para mantener limpia la superficie de trabajo y las manos.

- La mejor forma de desmenuzar el bizcochuelo es haciéndolo con la procesadora, de esta forma lograrán una miga fina y uniforme.

- En caso de no tener procesadora para desmenuzar el bizcochuelo, cortarlo al medio y luego frotar ambas mitades entre sí, terminando de separar bien las migas que hayan quedado unidas o pegadas, con un tenedor.

- La mezcla deberá estar lo suficientemente húmeda para poder modelar con facilidad y que no se quiebren.

• Enfriar los pops modelados, en la heladera, sobre una bandeja con papel manteca y envuelta en papel film para evitar que se sequen, por varias horas o en el freezer durante 20 minutos evitando que la masa se congele. Es importante que la masa esté firme para poder bañarlos, pero no congelada.

• Derretir el chocolate a baño María o en el horno de microondas. Sumergir la punta de los palillos especiales en el baño e introducirlos en el pop, sin llegar a pasarse del centro de la bola de masa; de lo contrario el pop se romperá. Dejar solidificar antes de proceder con el baño.

• Una vez bañados los pops, escurrirlos dando golpecitos con la mano libre sobre el palillo o la muñeca, girándolos muy lentamente al mismo tiempo, para que caiga el excedente. Esto evitará que la bola sea mas pesada de un lado que de otro y todo quedará equilibrado.

• Para bañar pops con glaseado, realizar el mismo procedimiento que para el de chocolate, teniendo en cuenta que la preparación debe quedar cremosa y fina, pero no gruesa, para poder bañar los pops en forma prolija.

• Los palillos para los pops se pueden comprar en casas de artículos de cotillón y repostería.

• Para las Cookies Popcocineritos, utilizar palillos que sean aptos para horno.

• Al momento de cubrirlos con el baño de chocolate, es importante utilizar suficiente cantidad y un bols profundo para que el pop se sumerja completamente en el baño y la operación se realice en un solo paso. Si se vuelve a sumergir más de una vez, es probable que se desprenda del palillo y caiga dentro del chocolate.

- Es importante no salpicar con agua el baño de chocolate.

- Para ir ubicando los pops que ya han sido bañados, es conveniente comprar una placa de telgopor de al menos 5 cm de grosor para poder pincharlos sin que se caigan.

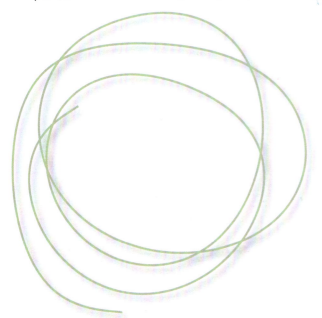

Las Recetas

Frostings especiales 12
Cupcakes decorados 16
Popcakes cocineritos 26
Barritas, cuadrados y golosinas 36
**Alfajorcitos, cookies decoradas
y rellenas** 56
**Copas, licuados, refrescos, shakes y
smoothies** 76
Tortas exprés 84
Mesas ambientadas 92

Buttercream o crema de manteca

Frostings especiales

Utensilios:
Bols de acero o enlozado - Cacerola para hacer el baño Maria - Batidor de alambre - Batidora eléctrica - Manga con pico rizado

Ingredientes:
- Clara de huevo, 130 gramos (4 claras)
- Azúcar común, 250 gramos
- Manteca, 320 gramos
- Esencias (por ejemplo, frutilla, almendras, vainilla, etc.)
- Colorantes alimentarios

Preparación

1. Colocar en un bols las claras (sin batir) y el azúcar. Llevar el bols a baño María.

2. Batir con ayuda de un batidor de alambre, constantemente, para evitar que las claras se cocinen.

3. Estará listo cuando, al tocar con los dedos, la mezcla esté tibia y no se sientan al tacto los gránulos de azúcar.

4. Retirar el bols del baño María para comenzar a batir con la batidora eléctrica. Batir el merengue hasta que esté firme y bien brilloso.

5. Cortar la manteca en cubitos y mantenerla a temperatura ambiente, mientras se esté batiendo el merengue.

Tips

- Para el baño María: al colocar sobre una cacerola con agua caliente, es importante que el bols de las claras no toque el agua de la cacerola, para que la mezcla obtenga temperatura solo recibiendo el vapor.
- Para el punto de la manteca: se necesita que no sea rígida ni blanda, sino "plástica".
- La manteca debe ser de muy buena calidad; esto quiere decir que conviene que esté compuesta por una alta proporción de materia grasa y muy bajo porcentaje de agua.
- Recordar que la manteca absorbe muy fácilmente los olores y los sabores, entonces, al guardar los cupcakes en la heladera, es conveniente mantenerlos alejados de olores que puedan haber en su entorno. Para ello, envolverlos en algún envase hermético.
- Decorar los cupcakes con una buena cantidad de crema de manteca, de esta forma quedarán más llamativos.
- Esta receta rinde para decorar, aproximadamente, 16 cupcakes, dependiendo de la cantidad que se utilize para cada uno.

6. Cuando esté listo el merengue, agregar de a poco los cubitos de manteca al merengue, siempre batiendo. Seguramente, en algún momento durante el agregado de la manteca, parecerá que la mezcla se corta, no descartar, continuar batiendo, hasta que se vuelva unir todo.

7. Una vez terminada, debe tener cuerpo y mucho brillo. A la vista se verá suave, cremosa, lisa y aireada.

8. Incorporar el sabor y el color elegido. Para ello, usar solo unas gotas de la esencia, ya que suelen ser bastante intensas. En el caso de querer colorear la crema, utilizar colorantes comestibles, que se consiguen en cotillones, casas de repostería o cualquier tienda especializada en decoración de tortas.

9. Continuar batiendo hasta teñir toda la crema (excepto si se desea obtener un tono marmolado en el que no hay que mezclar hasta homogeneizar por completo).

10. Para utilizar, rellenar una manga con pico rizado, grueso, liso, etcétera (existen varias opciones).

Frostings especiales

Merengue suizo

Utensilios:

Bols de acero o enlozado - Cacerola para hacer el baño Maria - Batidor de alambre Batidora eléctrica - Manga con pico rizado

Ingredientes:

- Claras, 6
- Azúcar común, 360 gramos
- Limón, unas gotitas

Preparación

1. Colocar las claras con el azúcar adentro del bols y llevar a baño María batiendo con el batidor de alambre, hasta que se forme una espumita blanca en la superficie. Estará listo para retirar cuando, metiendo un dedo en la preparación, esté tibia.

2. Retirar el bols del baño María y batir con la batidora eléctrica hasta que se levanten las claras, se enfríe la base del bols y quede un batido blanco y espumoso.

3. Para utilizar, rellenar una manga con pico rizado, grueso, liso, etc.; existen varias opciones.

Tips

- Las gotitas de jugo de limón se agregan cuando se está batiendo con la batidora eléctrica.
- Para el Baño María: al colocar el bols sobre una cacerola con agua caliente, es importante que el bols de las claras no toque el agua de la cacerola, para que la mezcla obtenga temperatura solo recibiendo el vapor.

Crema de chocolate

Utensilios:
Bols - Cacerola mediana - Cuchara de madera - Manga con pico liso

Ingredientes:
- 350 gramos de chocolate picado
- 350 cm³ de crema de leche

Preparación

1. Picar el chocolate y reservarlo en un bols de acero o enlozado.
2. Volcar la crema en la cacerola y llevarla al fuego hasta que comience a hervir.
3. Retirar la crema inmediatamente del fuego, y volcarla sobre el chocolate picado. Mezclar con la cuchara de madera hasta que el chocolate se derrita y se integren bien ambas preparaciones.
4. Llevar la mezcla al frío hasta que tome la consistencia adecuada para trabajarla con la manga.
5. Para utilizar, rellenar una manga con pico rizado, grueso, liso, etc.; existen varias opciones.

Tip
- Hervir: llevar a ebullición.

Frosting Chocotorta

Utensilios:
Bols - Cuchara de madera - Procesadora Manga con pico rizado

Ingredientes:
- Dulce de leche repostero, 600 gramos
- Queso crema entero, 100 gramos
- Galletitas de chocolate (tipo chocolinas) molidas, cantidad necesaria

Preparación

1. Mezclar en el bols con la ayuda de la cuchara de madera el dulce de leche repostero con el queso crema y las galletitas molidas de chocolate.
2. Para utilizar, rellenar una manga con pico rizado, grueso, liso etc.; existen varias opciones.

Tip
- El punto justo de la mezcla se gradúa agregando la cantidad de galletitas molidas necesarias para obtener una mezcla espesa y cremosa que permita decorar con la manga.

Cupcakes decorados

Cupcakes americanos

10 cupcakes

Utensilios:

Bols - Batidor de alambre - Vasito medidor - Cucharita de té - Espátula de goma
Moldes para cupcakes - Pirotines

Ingredientes para la masa básica:

- Harina leudante, 250 gramos
- Sal, 1 pizca
- Azúcar común, 150 gramos
- Manteca, 70 gramos
- Leche entera a temperatura ambiente, 125 cm^3
- Crema de leche, 100 cm^3
- Huevo, 1

Sabores para el relleno:

- 1 o 2 sabores a elección, 1 taza en total
- Frambuesas frescas o congeladas
- Peras en cubitos (no es necesario pelarlas)
- Chips de chocolate
- Frutas secas (elegir una)
  • Almendras picadas, hasta ½ taza
  • Nueces picadas, hasta ½ taza

- **Para saborizar (elegir una o dos)**
  • Ralladura de naranja, 2 cucharaditas de té
  • Ralladura de limón, 2 cucharaditas de té
  • Canela, ½ cucharadita de té
  • Extracto de almendra, ½ cucharadita de té
  • Extracto de vainilla, 1 cucharadita de té

- **Frosting**
  • Dulce de leche repostero, 500 gramos

Preparación

1. Mezclar en un bols la harina leudante, previamente tamizada junto con la sal. Realizar un hueco y reservar.

2. Batir en otro bols con el batidor de alambre el azúcar con la manteca blanda, la leche, la crema de leche y el huevo, hasta que estén bien integrados.

3. Incorporar la mezcla húmeda en el hueco que se ha realizado en el paso 1, y con la ayuda de una espátula de goma, unir todo los ingredientes realizando movimientos envolventes.

4. Agregar el sabor elegido para saborizar e incorporarlo rápidamente sin mezclar mucho. El relleno debe quedar pesado y grumoso para evitar que los cupcakes queden pesados.

5. Rellenar los moldes hasta la mitad, luego colocar el relleno elegido y completar hasta las ¾ partes con la mezcla.

6. Cocinar en horno moderado durante 20 minutos o hasta que estén dorados.

7. Dejar enfriar y decorar.

Tips

- Para una decoración más plana en la que los cupcakes no sobrepasen el borde de los moldes, llenarlos solo hasta la mitad.
- Tamizar: pasar por un colador con malla fina para quitar los grumos.
- Movimiento envolvente: realizar con una espátula de goma, un movimiento en la mezcla como si fuera una ola, para incorporar otro ingrediente.

Cupcakes decorados

Cupcakes con manzanas acarameladas

8 cupcakes

Utensilios:

Sartén + cuchara de madera - Bols - Batidor
Colador grande con malla fina para tamizar
Colador - Cucharita de café - Cuchara sopera
Moldes para cupcakes - Pirotines

Ingredientes:

- Manteca, 125 gramos
- Azúcar, 125 gramos
- Miel, 25 gramos
- Huevos, 2
- Leche, 50 cm^3
- Ralladura de ½ limón
- Harina leudante, 180 gramos
- Canela molida, 1 cucharadita de café

Para el relleno
- Manzanas verdes peladas y cortadas en cubitos, 2
- Azúcar común, 4 cucharadas soperas bien panzonas
- Manteca, 1 cucharada sopera

Frosting
- Merengue suizo (ver receta)

Preparación

1. Colocar la manzana cortada en cubitos en la sartén con la manteca; cuando esté apenas cocida, incorporar el azúcar y caramelizar.
2. Dejar enfriar en un colador hasta que pierda todo el líquido.
3. Batir la manteca con el azúcar, la ralladura y la miel.
4. Incorporar los huevos a temperatura ambiente de a uno por vez y seguir batiendo.
5. Agregar la harina leudante previamente tamizada junto con la canela molida, alternando con la leche.

6. Rellenar los moldes con una parte de la mezcla, volcar 1 cucharadita del relleno en el centro y luego completar con la mezcla hasta las ¾ partes de cada molde para cupcake.

7. Cocinar durante 25 minutos aproximadamente o hasta que, al pinchar con un palillo de brocheta, este salga casi seco.

8. Retirar, dejar entibiar y decorar.

Tips

- Para realizar una decoración más plana en la que los cupcakes no sobrepasen el borde de los moldes, llenarlos solo hasta la mitad.
- Tamizar: pasar por un colador con malla fina para quitar los grumos.
- Caramelizar: cocinar la fruta levemente con manteca y luego agregar el azúcar, para que se adhiera al alimento que se desea acaramelar.
- La miel otorga humedad a la masa.

Cupcakes decorados

Cupcakes de chocolate

12 cupcakes

Utensilios:

Bols - Colador grande con malla fina para tamizar - Tabla para picar - Batidora eléctrica - Vaso medidor - Cucharita de té - Espátula de goma - Cacerola mediana para baño María - Bols de acero o enlozado para el baño María - Moldes para cupcakes - Pirotines

Ingredientes:

- Manteca, 125 gramos
- Azúcar impalpable, 150 gramos
- Huevos chicos, 2
- Esencia de vainilla, 2 tapitas
- Leche, 75 cm^3
- Harina 0000, 180 gramos
- Polvo de hornear, 8 gramos o 1 y ½ cucharadita de té
- Chocolate picado, 65 gramos

Frosting
- Frosting Chocotorta (ver receta)

Preparación

1. Batir la manteca blanda con el azúcar a blanco, o sea, hasta que esté amarillo bien clarito.

2. Incorporar los huevos de a uno y seguir batiendo. A continuación, agregar la leche (natural) en dos veces y terminar de batir.

3. Agregar la harina previamente tamizada junto con el polvo de hornear, y mezclar todo suavemente en velocidad baja.

4. Derretir el chocolate picado a baño María o en horno de microondas.

5. Agregar el chocolate derretido a toda la preparación del bols, e incorporarlo con ayuda de la espátula de goma.

6. Rellenar los moldes para cupcakes; no llenar más de las ¾ partes del molde ya que la mezcla crece. En caso de que se desee hacer una decoración más plana, rellenar solo hasta la mitad.

7. Cocinar en horno moderado durante 20 a 25 minutos.

8. Enfriar y luego decorar.

Tips

- La leche se incorpora a temperatura natural y en dos veces para que no se corte la mezcla.
- Para derretir el chocolate en el horno de microondas, ponerlo en un bols apto durante 1 minuto a temperatura máxima, luego retirar revolver y programar 1 minuto más.
- Baño María: colocar un bols de acero o enlozado adentro de una cacerola con agua hasta la mitad y llevar al fuego para derretir.
- Tamizar: pasar por un colador con malla fina para quitar los grumos.

Cupcakes decorados

Cupcakes de vainilla, limón y amapola

10 cupcakes

Ingredientes:

- Harina 0000, 250 gramos
- Polvo de hornear, 1 ½ cucharadita
- Bicarbonato de sódio, ½ cucharadita
- Sal, ¼ cucharadita
- Huevo batido, 1
- Leche, 175 cm^3
- Esencia de vainilla, 3 tapitas
- Azúcar común, 150 gramos
- Manteca blanda, 60 gramos

Frosting
- Buttercream (ver receta)

Opción
Reemplazar la esencia de vainilla por:
- Semillas de amapola, 2 cucharadas
- Ralladura de limón, 1

Utensilios:

Bols - Colador grande con malla fina para tamizar - Cucharita de te - Batidora eléctrica Vaso medidor - Espátula de goma - Moldes para cupcakes - Pirotines

Preparación

1. Tamizar la harina, el polvo de hornear, el bicarbonato y la sal adentro del bols.

2. A continuación, realizar un hueco en el centro y reservar.

3. Mezclar en otro bols el resto de los ingredientes: huevo batido, leche, azúcar, manteca bien blanda y la esencia de vainilla.

4. Incorporar la mezcla líquida en el hueco realizado en el paso 2. Mezclar suavemente, con la ayuda de una espátula, todos los ingredientes para formar una pasta húmeda (sin mezclar demasiado, para evitar que los cupcakes queden muy pesados).

5. Distribuir con una cuchara, la pasta en moldes para cupcakes, llenándolos solo hasta las ¾ partes, ya que la mezcla crece en el horno.

6. Hornear durante 15 a 20 minutos.

7. Retirar del horno, desmoldar y dejar enfriar. Decorar.

Tips

- Para realiar una decoración más plana en la que los cupcakes no sobrepasen el borde de los moldes, llenarlos solo hasta la mitad.
- Tamizar: pasar por un colador con malla fina para quitar los grumos.

Cupcakes decorados

Cupcakes marmolados

8 cupcakes

Utensilios:

Bols - Jarra medidora - Espátula de goma - Cucharita de té - Molde para budín - Batidora eléctrica - Cacerola para baño María - Cuchara de madera - Moldes para cupcakes - Pirotines

Ingredientes:

- Manteca, 110 gramos
- Azúcar impalpable, 150 gramos
- Huevos, 2
- Leche, 75 cm^3
- Harina 0000, 165 gramos
- Fécula de maíz, 15 gramos
- Polvo de hornear, 8 gramos o 1 y ½ cucharaditas de té
- Chocolate picado, 35 gramos

Frosting
- Crema de chocolate (ver receta)

Preparación

1. Batir la manteca blanda con el azúcar impalpable tamizada, hasta obtener una crema.

2. Incorporar los huevos de a uno y seguir batiendo. A continuación, agregar la leche (natural) en 2 veces y terminar de batir.

3. Agregar la harina junto con le fécula de maíz y el polvo de hornear, previamente tamizados y mezclar todo suavemente en velocidad baja.

4. Derretir el chocolate picado a baño María.

5. Retirar la tercera parte de la preparación y colocar aparte en otro bols. A esta parte, agregarle el chocolate derretido e incorporarlo con ayuda de la espátula de goma.

6. Rellenar los moldes para cupcakes, colocando primero una capa de la mezcla de vainilla, luego, otra capa de chocolate, y por último cubrir con una capa de vainilla. No llenar más de las ¾ partes del molde ya que la mezcla crece.

7. Para que quede veteado o sea marmolado, al finalizar de rellenar los moldes, con un cuchillo o un palillo de brocheta realizar unos dibujos en forma circular.

8. Cocinar en horno moderado durante 20 a 25 minutos.

9. Retirar, enfriar y luego decorar.

Tips

- La leche se incorpora natural y en dos veces para que no se corte la mezcla.
- Para derretir el chocolate en el horno de microondas, ponerlo en un bols apto durante 1 minuto a temperatura máxima, luego retirar revolver y programar 1 minuto más.
- Baño María: colocar un bols de acero o enlozado dentro de una cacerola con agua hasta la mitad y llevar al fuego para derretir.
- Tamizar: pasar por un colador con malla fina para quitar los grumos.

Popcakes cocineritos

Cookies Popcocineritos Nacimiento

Utensilios:

Cuchara de madera - Bols - Rallador - Papel film - Palo de amasa
Batidora eléctrica - Placas para horno - Cortantes circulares N.º 7 y N.º 5
Palillos aptos para cookie pops - Placa de telgopor

Ingredientes:

- Manteca, 100 gramos
- Azúcar, 125 gramos
- Sal, una pizquita
- Ralladura de limón, ¼
- Esencia de vainilla, 2 tapitas
- Yemas, 3
- Harina 0000, 250 gramos

Para la decoración
- Pasta para cubrir tortas, 250 gramos
- Colorantes alimentarios: negro y marrón claro
- Glasé real: 250 gramos de azúcar impalpabe + 1 clara + 1 gotitas de jugo de limón

Preparación

1. Batir en el bols, con la cuchara de madera, la manteca con el azúcar, la sal y la ralladura de limón hasta obtener una crema.

2. A continuación, agregar las yemas de a una por vez y la esencia de vainilla y continuar mezclando con la cuchara de madera hasta incorporar todo muy bien.

3. Por último, agregar la harina y unir todo rápidamente, con las manos hasta formar una masa.

4. Envolver la masa con papel film y llevar a la heladera para que se enfríe durante 1 hora.

5. Retirar la masa de la heladera y estirarla con ayuda del palo de amasar sobre la mesada enharinada (tratar de que la masa quede toda de un mismo espesor).

Tips

- Para el glasé real, batir la clara con el azúcar impalpable y el jugo de limón. Estará listo, cuando la consistencia esté firme y opaca, y se formen picos duros. Si se agrega azúcar impalpable de más, se puede agregar un poquito más de jugo de limón hasta lograr el punto adecuado. Mantener el glasé real tapado con un separador en contacto para evitar que se seque.
- Tamizar: pasar por un colador con malla fina para quitar los grumos.

Más tips en páginas 8 y 9.

6. Cortar con el cortante circular N.º 7 los cuerpos y con el cortante circular N.º 5, las cabezas, y ubicarlos sobre placas para hornos enmantecadas. Hornear en horno moderado durante 10 a 12 minutos.

7. Enfriar las cookies.

8. Dividir la pasta para cubir tortas en tres partes, colorear una parte con color piel para la cabeza, las orejas y los pies; otra muy pequeña en color negro para los ojos y las sonrisas; y dejar la otra parte en color blanco para el cuerpo.

9. Estirar y cortar cada color utilizando los cortantes redondos correspondientes, utilizados para el cuerpo.

10. Para los pies, realizar el molde sobre papel manteca o acetato, luego colocarlo sobre la pasta extendida color piel y recortar por los bordes. Para realizar los dedos de los pies, hacer bolitas y pegarlas con agua.

11. Utilizar la pasta teñida de negro para realizar los ojos y la sonrisas.

12. Pegar el cuerpo con la cabeza y los pies con glasé real bien espeso. Dejar secar.

13. Se pueden agregar adornos opcionales como baberos, chupetes, etcétera.

Popcakes cocineritos

Cookies Popcocineritos Primavera

Utensilios:

Cuchara de madera - Bols - Rallador - Papel film - Palo de amasar - Batidora eléctrica - Placas para horno Cortantes con forma de flor - Mangas descartables, con punta estrella N.º 16 - Palillos aptos para cookie pops Placa de telgopor

Ingredientes:

Para la masa:
- Manteca, 100 gramos
- Azúcar, 125 gramos
- Sal, una pizquita
- Ralladura de limón, ¼
- Esencia de vainilla, 2 tapitas
- Huevo, 1
- Harina 0000, 250 gramos

Opción para sabor chocolate
- Reemplazar el 10% de la harina calculada por cacao dulce.

Para la decoración
- Glasé

Ingredientes para el glasé real
- Clara, 1
- Azúcar impalpable, 250 gramos
- Jugo de limón o ácido acético, unas gotitas
- Colorantes alimentarios: blanco, rosa, amarillo, violeta, turquesa

Preparación

1. Batir en el bols con la cuchara de madera, la manteca con el azúcar, la sal y la ralladura de limón hasta obtener una cremita.

2. A continuación, agregar el huevo y la esencia de vainilla, y continuar mezclando con la cuchara de madera hasta incorporar bien todo.

3. Por último, agregar la harina y unir todo rápidamente con las manos hasta formar una masa.

4. Envolver la masa con papel film y llevar a la heladera para que se enfríe durante 1 hora.

5. Retirar la masa de la heladera, y estirarla con ayuda del palo de amasar sobre la mesada enharinada (tratar de que la masa quede toda de un mismo espesor).

6. Realizar las formas con los cortantes e insertar cada palillo en cada una. Ubicarlas sobre placa de horno, previamente enmantecada.

7. Hornear las cookies en horno precalentado moderado de 180 grados de 10 a 12 minutos. Retirarlas y colocarlas sobre una rejilla hasta enfriar.

8. Preparar el glasé real batiendo en un bols la clara con la mitad del azúcar impalpable previamente tamizada, y agregar el jugo de limón o ácido acético. Continuar batiendo y agregar el resto del azúcar de a poco según la necesidad.

9. Distribuir una pequeña cantidad en diferentes bols.

10. Colocar, con la ayuda de un escarbadientes, un poquito de colorante del color elegido y mezclar.

11. Cargar la manga descartable para realizar los rellenos, con el pico liso N.° 16 para realizar estrellas.

12. Dejar secar. Para el centro de cada flor realizar una roseta con pico punta de estrella N.° 16.

Tips

• El glasé real estará listo cuando la consistencia esté firme y opaca, y se puedan formar picos duros. Si se agrega azúcar impalpable de más, se puede agregar un poquito más de jugo de limón hasta lograr el punto adecuado.
• Mantener el glasé real tapado con un separador en contacto para evitar que se seque.
• Tener en cuenta en el momento de colorear el glasé, que los colorantes se oscurecen al secar.
• Es aconsejable trabajar con mangas descartables y calcular una por cada color.
• Tamizar: pasar por un colador con malla fina para quitar los grumos.
Más tips en páginas 8 y 9.

Popcakes cocineritos

Popcocineritos Bonus

Utensilios:

Bols - Batidora eléctrica - Procesadora - Espátula de goma - Cucharita de café
Cuchara sopera - Molde rectangular de 23 x 15 cm - Cucharita medidora
Placa de horno - Rejilla de alambre - Papel film - Palillos especiales para pops
Placa de telgopor - Sprinkles o granas multicolores - Wraps para pops - Papel manteca

Ingredientes:

- Harina 0000, 150 gramos
- Polvo de hornear, 1 cucharadita de café
- Azúcar rubia, 85 gramos
- Manteca, 90 gramos
- Sal, 1 pizca
- Huevos, 2
- Esencia de vainilla, 2 tapitas
- Nueces picadas, 60 gramos

Para el frosting
- Crema de avellanas (mezcla de avellanas, leche y cacao), cantidad necesaria.
- Crema de maní, cantidad necesaria.

Para el baño
- Chocolate para baño, marrón o leche.

Preparación

1. Batir en un bols la manteca con el azúcar y la pizca de sal.

2. Incorporar los huevos y la esencia de vainilla, y batir todo a velocidad media hasta obtener una mezcla cremosa.

3. Agregar la harina previamente mezclada y tamizada con el polvo de hornear y las nueces picadas.

4. Mezclar a velocidad baja solo hasta unir los ingredientes.

5. Colocar la mezcla en el molde rectangular previamente enmantecado.

6. Cocinar en horno moderado de 180 grados, durante aproximadamente 20 minutos o hasta que, al pinchar con palillo de brocheta, en el centro este salga seco.

7. Enfriar sobre rejilla de alambre.

8. Procesar la masa hasta obtener migas finas y uniformes. Unir con el frosting elegido, hasta integrar bien todo con la ayuda de una cuchara sopera o espátula de goma.

9. Formar bolas medianas que sean todas de igual tamaño, e ir ubicándolas sobre placas cubiertas con papel manteca. Cubrir con papel film y llevar a la heladera durante varias horas.

10. Derretir el baño de chocolate en el horno de microondas. Sumergir la punta del palillo especial para pops e insertarlo dentro de cada uno sin llegar a sobrepasar el centro del mismo. Dejar solidificar.

11. Bañar los pops con el baño de chocolate, retirar el exceso y pincharlos sobre la base de telgopor. Agregarle sprinkles de diversos colores antes de que termine de solidificar.

12. Se pueden decorar según la ilustración, comprando o haciendo formitas en papel de animales, princesas o agregar adornitos de azúcar diversos pegándolos con glasé real.

Tips

- Para derretir el chocolate en el horno de microondas, ponerlo en un bols apto durante 1 minuto a temperatura máxima, luego retirar, revolver y programar 1 minuto más.
- Es importante envolver la placa con las bolas de pops realizadas con papel film para evitar que se sequen y se rompan en el momento de bañarlas.
- En caso de no tener procesadora, desmenuzar el bizcochuelo cortándolo al medio, y luego frotar ambas mitades entre sí, terminando de separar bien las migas que hayan quedado unidas o pegadas con un tenedor.

Más tips en páginas 8 y 9.

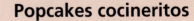

Popcakes cocineritos

Popcocineritos Navidad

Ingredientes:

- Chocolate para taza, 150 gramos
- Manteca, 200 gramos
- Harina leudante, 150 gramos
- Azúcar común, 225 gramos
- Yemas, 4
- Claras, 4
- Esencia de vainilla, 2 a 3 tapitas
- Rocío manteca
- Chocolate picado, 50 gramos

Para el glaseado de la cobertura
- Mezclar en un bols 400 gramos de azúcar impalpable con 8 cucharadas soperas de agua aproximadamente, o hasta obtener una consistencia espesa y untable a la vez.
- Colorante alimentario verde.

Para decorar
- Glasé real: clara, 1 + 250 gramos de azúcar impalpable + unas gotitas de jugo de limón
- Sprinkles perlas, color rojo

Utensilios:

Bols - Batidora eléctrica - Tabla y cuchillo para picar - Espátula de goma - Molde de silicona forma pinito - Manga descartable - Pico redondo, liso o rizado - Colador grande con malla fina para tamizar - Placas para horno Palillos especiales para pops - Placa de telgopor

Preparación

1. Precalentar el horno a 180-190 grados.
2. Derretir el chocolate con la manteca en el horno de microondas.
3. Batir las yemas con el azúcar a blanco y luego agregar el chocolate derretido con la manteca y la esencia de vainilla.
4. Incorporar la harina previamente tamizada.
5. Batir las claras a nieve y añadir a la mezcla anterior con movimientos envolventes.
6. Colocar la preparación en molde de silicona de pinitos, rociado previamente con rocío manteca, rellenando solo hasta la mitad, dado que la preparación crece.

Tips

- Para derretir el chocolate en el horno de microondas, ponerlo en un bols apto durante 1 minuto a temperatura máxima, luego retirar, revolver y programar durante 1 minuto más.
- El glasé real estará listo cuando la consistencia esté firme y opaca, y se puedan formar picos duros. Si se agrega azúcar impalpable de más, se puede agregar un poquito más de jugo de limón hasta lograr el punto adecuado.
- Mantener la mezcla de los glaseados cobertura y para decorar, tapados con un separador en contacto para evitar que se sequen.

Más tips en páginas 8 y 9.

7. Cocinar en horno moderado de 180 grados, aproximadamente de 15 a 20 minutos.

8. Retirar del horno, desmoldar y dejar enfriar sobre una rejilla de alambre.

9. Preparar el glaseado para la cobertura, mezclando en un bols, 400 gramos de azúcar impalpable con 8 cucharadas soperas de agua o hasta obtener una consistencia espesa y untable a la vez.

10. Teñir el glasé con el colorante verde. Reservar.

11. Derretir el chocolate en el horno de microondas. Sumergir la punta del palillo especial para pops e insertarlo, a continuación, en la base del pinito sin llegar a sobrepasar la mitad del mismo. Dejar solidificar.

12. Bañar los pinitos con el glasé previamente teñido de verde, retirar el exceso y pincharlos sobre la base de telgopor. Dejar secar.

13. Para preparar el glasé real para decorar, batir en un bols la clara con la mitad del azúcar impalpable previamente tamizada, y agregar el jugo de limón o ácido acético. Continuar batiendo y agregar el resto del azúcar de a poco según la necesidad.

14. Decorar realizando ondas alrededor con el glasé real blanco.

15. Agregarle sprinkles perlas rojos.

Popcakes cocineritos

Popcocineritos San Valentín

Utensilios:

Bols - Batidora eléctrica - Tabla + cuchillo para picar Espátula de goma - Molde de silicona en forma de corazones - Mangas descartables pequeñas - Picos redondos punta rizada N.º 16 - Colador grande con malla fina para tamizar - Placas para horno - Palillos especiales para pops - Placa de telgopor

Ingredientes:

- Huevos, 4
- Azúcar, 140 gramos
- Esencia de vainilla, 3 tapitas
- Harina 0000, 140 gramos (tamizada)
- Manteca derretida, 20 gramos
- Spray manteca
- Chocolate picado, 50 gramos

Para masa de chocolate
- Reemplazar 20 gramos de harina de la receta por 20 gramos de cacao dulce.

Para el glasé real
- Claras, 2
- Azúcar impalpable, 400 a 500 gramos
- Jugo de limón o ácido acético, unas gotitas
- Colorantes alimentarios rosa, violeta y rojo

Preparación

1. Batir los huevos con el azúcar y la esencia de vainilla adentro de un bols hasta llegar al punto letra; esto quiere decir: hasta que se puedan formar letras con el batidor sin que se desarmen.

2. Incorporar de a poco la harina (tamizada previamente) con movimientos envolventes, nunca revolviendo; de otro modo la preparación pierde el aire que incorporó en el batido y se baja.

3. Agregar la manteca derretida en forma de hilo con la ayuda de la espátula también con movimientos envolventes.

4. Rellenar el molde siliconado de corazones, cubriendo solo hasta mitad del molde ya que la mezcla crece y puede desbordar.

5. Cocinar en horno moderado de 180 grados durante 15 a 20 minutos.

6. Retirar, desmoldar y dejar enfriar sobre una rejilla de alambre.

7. Derretir el chocolate en el horno de microondas. Sumergir la punta del palillo especial para pops en el chocolate derretido e insertarlo en la base del corazón, sin llegar a sobrepasar la mitad del mismo. Dejar solidificar.

8. Para preparar el glasé real, batir en un bols la clara con la mitad del azúcar impalpable previamente tamizada, y agregar el jugo de limón o ácido acético. Continuar batiendo y agregar el resto del azúcar de a poco según la necesidad.

9. Dividir el glasé en varios bols y teñir de rojo, violeta y rosa.

10. Rellenar las mangas y decorar formando una guardita en los contornos y bordes de los corazones.

Tips

- Para derretir el chocolate en el horno de microondas, ponerlo en un bols apto durante 1 minuto a temperatura máxima, luego retirar, revolver y programar durante 1 minuto más.
- Opcional: se pueden bañar los corazones en chocolate, y realizar las guardas con el glasé.
- El glasé real estará listo cuando la consistencia esté firme y opaca, y puedan formar picos duros. Si se agrega azúcar impalpable de más, se puede agregar un poquito más de jugo de limón hasta lograr el punto adecuado.
- Mantener el glasé real tapado con un separador en contacto para evitar que se seque.
- Tener en cuenta, en el momento de colorear el glasé, que los colorantes se oscurecen al secar.
- Es aconsejable trabajar con mangas descartables y calcular una por cada color.
- Tamizar: pasar por un colador con malla fina para quitar los grumos.
- En caso de no conseguir el mismo molde, se pueden usar moldes siliconados con forma de corazones simples.

Más tips en páginas 8 y 9.

Barritas, cuadrados y golosinas

Barritas de cereal

8 barritas

Utensilios:

Cacerolita mediana (con fondo grueso) - Cuchara sopera - Taza - Cuchara de madera
Espátula de metal - Cuchillo - Papel celofán

Ingredientes:

- Miel líquida, 6 cucharadas
- Aceite de girasol, 6 cucharadas
- Semillas de quínoa, ¼ taza
- Semillas de girasol, ¼ taza
- Chips de chocolate, 20 gramos
- Copos de maíz sin azúcar, ¾ taza
- Cereal inflado, 1 taza

Preparación

1. Colocar la miel con el aceite en la cacerola a fuego suave.
2. Revolver constantemente hasta que se integren ambos ingredientes y la miel comience a espumar aproximadamente durante 3 minutos.
3. Incorporar las semillas, bajar un poco el fuego y revoler constantemente durante 1 minuto.
4. Incorporar los copos previamente picados, revolver y agregar enseguida el cereal inflado picado.
5. Mezclar hasta integrar los ingredientes.
6. Retirar del fuego y agregar los chips de chocolate y unir.

7. Volcar la mezcla en la mesada de mármol y extender con la ayuda de una espátula de metal (trabajar rápido ya que la mezcla se enfría y se endurece), hasta obtener un cuadrado de 1 cm de espesor aproximadamente.

8. Dar forma con la espátula en forma de vaivén hasta obtener un cuadrado, y que la superficie quede lo más plana posible. Ajustar los bordes con la espátula para que queden rectos.

9. Dejar enfriar apenas y cortar enseguida en tabletas de 4 x 8 cm.

10. Dejar solidificar y luego envolver con papel celofán.

Tips

- Picar o romper los copos de maíz con las manos, para que las barritas queden más compactas.
- Picar el cereal inflado o procesar ligeramente para que queden pedacitos chicos y se puedan integrar fácilmente a la preparación.
- Es importante agregar los chips de chocolate en el momento de retirar la preparación del fuego.
- La mezcla solidifica rápido, por lo cual es importante no demorarse para cortar las barritas.
- Se cocinan las semillas para sacarles la humedad, durante 1 minuto antes de agregar el resto de los ingredientes.
- El cuadrado debe medir 16 x 16 cm para preparar 8 barritas.

Barritas, cuadrados y golosinas

Cuadraditos Linzers

16 cuadraditos aproximadamente

Utensilios:

Bols - Cuchara de madera - Papel film - Colador grande con malla fina para tamizar - Cuchara sopera - Palo de amasar - Cortantes con formitas - Procesadora - Molde cuadrado de 24 x 24 cm

Ingredientes:

Para la masa
- Harina 0000, 200 gramos
- Cacao dulce, 20 gramos
- Almendras molidas, 100 gramos
- Azúcar común, 190 gramos
- Manteca, 150 gramos
- Esencia de vainilla, 2 tapitas
- Huevo, 1
- Azúcar impalpable, cantidad necesaria

Para el relleno
- Mermelada de frambuesa, 500 gramos

Preparación

1. Mezclar en un bols, la manteca con el azúcar y la esencia de vainilla, con la ayuda de una cuchara de madera.

2. Agregar el huevo, y continuar mezclando hasta incorporar.

3. Tamizar en un bols aparte la harina junto con el cacao, y agregar las almendras molidas y mezclar todo.

4. Agregar los ingredientes secos a la mezcla anterior, y unir todo sin amasar mucho, hasta formar una masa.

5. Envolver con papel film y enfriar durante 1 hora.

6. Reservar un poco de masa para las tiras. Estirar la masa restante y forrar el molde rectangular.

7. Esparcir la mermelada sobre la masa, con la ayuda del dorso de la cuchara sopera.

8. Estirar la masa reservada y cortar formitas a elección.

9. Ubicar las formitas sobre la mermelada.

10. Cocinar en horno moderado aproximadamente durante 25 minutos.

11. Dejar enfriar y, antes de servir, espolvorear con azúcar impalpable sobre las formitas.

12. Cortar cuadraditos de 5 x 5 cm.

Tips
- Con la masa restante se pueden hacer galletitas.

Barritas, cuadrados y golosinas

Cuadraditos de miel

12 cuadraditos aproximadamente

Utensilios:

Bols - Batidora eléctrica - Espátula de goma - Colador con malla fina grande para tamizar - Molde rectangular de 23 x 15 cm

Ingredientes:

- Huevos, 2
- Azúcar común, 80 gramos
- Miel, 125 cm^3
- Aceite de girasol, 100 cm^3
- Soda, 100 cm^3
- Café o té tibio, 50 cm^3 con 1 cucharadita de bicarbonato diluido
- Harina leudante, 200 gramos
- Manteca y harina extra para enmantecar y enharinar

Preparación

1. Batir en el bols los huevos con el azúcar hasta obtener el punto letra.

2. Incorporar de a uno el resto de los ingredientes en el orden que están en la receta, integrando bien entre cada adición.

3. Por último, agregar la harina tamizada a velocidad baja.

4. Volcar la mezcla en el molde rectangular previamente enmantecado y enharinado con la ayuda de una espátula.

5. Cocinar en horno moderado de 180 grados alrededor de 30 minutos.

6. Retirar, enfriar y luego cortar cuadraditos de 4 x 4 cm.

Tips

- Punto letra: batir la preparación hasta obtener una consistencia muy cremosa y se puedan hacer dibujos de letras o cintas con el batidor.
- Tamizar: pasar por un colador con malla fina para quitar los grumos.

Barritas, cuadrados y golosinas

Cuadraditos delicia de limón

16 cuadraditos aproximadamente.

Utensilios:

Bols - Espátula de plástico - Rallador y exprimidor - Batidora eléctrica
Vasito medidor - Molde cuadrado de 22 cm x 22 cm

Ingredientes:

Masa
- Harina 0000, 175 gramos
- Manteca, 100 gramos
- Azúcar común, 65 gramos

Relleno
- Huevos, 6
- Azúcar, 270 gramos
- Ralladura y jugo de limón, 2
- Crema de leche, 160 cm^3
- Azúcar impalpable, para espolvorear

Preparación

1. Mezclar la manteca, el azúcar y la harina hasta obtener un granulado.

2. Distribuir la masa en el molde cuadrado, y llevar a horno precalentado a 170 grados durante 10 a 15 minutos. Retirar y dejar enfriar.

3. Bajar la temperatura del horno a 150 grados.

4. Para el relleno: batir en un bols, los huevos con el azúcar.

5. Agregar la ralladura, el jugo, la crema y mezclar.

6. Colocar la preparación sobre la masa.

7. Llevar al horno durante 25 minutos. Retirar y dejar enfriar.

8. Cortar cuadrados de 4 x 4.

9. Espolvorear con azúcar impalpable.

Tip

• Es importante enfriar la masa antes de echarle el relleno para evitar que la masa lo absorba.

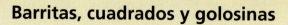

Barritas, cuadrados y golosinas

Cuadraditos de marquise y merengue

24 cuadrados aproximadamente.

Ingredientes:

- Chocolate para taza, 320 gramos
- Yemas, 4
- Manteca, 200 gramos
- Azúcar impalpable, 7 cucharadas soperas
- Dulce de leche repostero, 250 gramos
- Chocolate para taza, cantidad extra para realizar decoración

Para el merengue suizo
- Claras, 4
- Azúcar común, 240 gramos
- Limón, unas gotitas

Para decorar
- Rulos o viruta de chocolate: cantidad necesaria
- Hilos de chocolate

Utensilios:

Bols - Cacerola para baño María - Cacerola mediana Cuchara de madera - Colador grande con malla fina para tamizar - Espátula de goma - Molde rectangular de 20 x 30 cm - Papel de aluminio - Pelapapas

Preparación

1. Picar y derretir el chocolate a baño María.
2. Agregar la manteca bien blanda, mezclada previamente con el azúcar impalpable.
3. Pasar la mezcla a una cacerola mediana, incorporar las yemas previamente mezcladas y llevar a fuego bajo durante unos minutos; no cocinar demasiado el huevo.
4. Tamizar la preparación, volcar en molde rectangular forrado con papel aluminio y enfriar en el freezer de un día para el otro.
5. Al retirar del frío, desmoldar, untar el dulce de leche repostero con cuidado y luego cubrir con el merengue suizo.

6. Decorar con viruta, rulos o hilos de chocolate.

7. Cortar en cuadrados de 5 cm de lado.

Preparación del merengue suizo

1. Colocar las claras con el azúcar adentro del bols y llevar a baño María batiendo con el batidor de alambre, hasta que se forme una espumita blanca en la superficie. Estará listo para retirar cuando, metiendo un dedo en la preparación, esté tibia.

2. Retirar el bols del baño María y batir con la batidora eléctrica hasta que se levanten las claras, se enfríe la base del bols y quede un batido blanco y espumoso.

Tips

- Para realizar esta receta con yemas, utilizar huevos frescos y comprados en un lugar confiable.
- Baño María: colocar un bols de acero o enlozado dentro de una cacerola con agua hasta la mitad y llevar al fuego para derretir.
- Tamizar: pasar por un colador con malla fina para quitar los grumos.
- Para realizar rulos de chocolate o viruta, utilizar el pelapapas.

Barritas, cuadrados y golosinas

Formitas de azúcar de colores

Ingredientes:
- Azúcar común, cantidad necesaria
- Agua, cantidad necesaria
- Colorantes alimentarios, colores varios a elección

Utensilios:
Molde de bombones (de silicona, plástico o policarbonato) - Bols - Cuchara

Preparación

1. Colocar el azúcar común en un bols.
2. Mezclar una cucharada de agua con el colorante deseado y agregarlo al azúcar; revolver bien hasta lograr un color uniforme.
3. Solo agregar más agua si hace falta humedecer más el azúcar. El azúcar debe quedar apenas húmeda y no mojada.
4. Volcar el azúcar en el molde.
5. Hacer presión con el azúcar para que el hueco quede perfectamente relleno y compacto, así copia bien la forma.

6. Esperar aproximadamente 1 hora (dependiendo el clima); el azúcar debe secarse para poder desmoldar sin dificultad las formitas. Ya estarán listas, cuando al dar vuelta el molde, se desprendan solas.

7. Dejar secar un rato más a temperatura ambiente, y luego ya pueden ser envueltas para hacer regalitos o acomodar en platos para endulzar el té.

Tips

- ¡Hay miles de formas de moldes para elegir! Así como también hay moldes de distinto material (silicona, plástico rígido o blando y policarbonato).
- Las cantidades dadas en la receta, no son exactas, porque a veces depende de la marca de azúcar utilizada y la humedad ambiente.

Barritas, cuadrados y golosinas

Garrapiñada

2 porciones

Utensilios:

Cacerolita mediana - Taza - Cuchara de metal - Fuente rectangular
Bolsitas finitas para envasar pochoclos

Ingredientes:

- Maní crudo, 1 taza
- Azúcar, 1 taza
- Agua, 1 taza

Preparación

1. Colocar el maní crudo, el agua y el azúcar en la cacerolita.

2. Llevar al fuego y revolver ocasionalmente hasta que comience a hervir y llegue a hacerse caramelo.

3. En este punto, revolver todo el tiempo hasta que el maní se torne opaco y seco.

4. Continuar revolviendo de todas maneras. El azúcar comenzará a derretirse y el maní se caramelizará nuevamente. Quedará con una textura similar a la escarcha y con brillo.

5. Retirar del fuego enseguida, volcar el maní sobre una fuente rectangular y extenderlo para que se enfríe.

6. Una vez frío, envasar en bolsitas.

Tips

- El maní crudo adecuado tiene que tener cáscara.
- Esta receta se puede hacer reemplazando el maní por almendras sin pelar, de esta forma obtendrás garrapiñada de almendras.

Barritas, cuadrados y golosinas

Manzanas acarameladas

6 manzanas acarameladas

Utensilios:

Palitos de helado - Cacerolita mediana - Cuchara de madera - Cuchillo
Placa de horno - Papel de aluminio - Pincel - Taza
Cucharita de té - Termómetro especial para caramelo

Ingredientes:

- Manzanas rojas chicas, 4

Para el caramelo
- Azúcar común, 500 gramos
- Agua, 100 cm^3
- Glucosa, 2 cucharaditas de té
- Colorante alimentario rojo
- Rodajita de limón, 1

Preparación

1. Forrar una placa de horno con papel de aluminio y luego, con la ayuda de un pincel, aceitarlo levemente.

2. Lavar las manzanas, secarlas bien, y con ayuda de un cuchillo, realizar una incisión en la base de cada manzana. Colocar el palito de helado a cada una.

3. Colocar el azúcar, el agua, la glucosa y la rodajita de limón en la cacerolita, y llevar a fuego medio; con la cuchara de madera revolver solo hasta que se haya disuelto el azúcar.

4. Agregar el colorante alimentario rojo, subir el fuego hasta que hierva la preparación, luego continuar hirviendo a fuego bajo sin

revolver, hasta que el termómetro marque una temperatura de 135 grados.

5. Retirar del fuego y bañar en caramelo cada manzana de a una por vez.

6. Dejarlas paradas con el palillo hacia arriba para que se sequen apenas y luego pasar por el pochoclo para que se adhiera.

7. Ubicar cada una sobre la placa con el papel de aluminio aceitado.

8. Dejar reposar a temperatura ambiente hasta que se solidifique el caramelo.

Tips

• Cuando el azúcar comience a hervir, colocar el termómetro especial para caramelo en la cacerola, con la punta hacia abajo en contacto con la preparación.
• La glucosa es buena para sacar las impurezas, o sea, la espuma que se forma mientras se está cocinando.
• Mientras se está realizando el caramelo, es importante colocar una rodajita de limón para evitar que se invierta el azúcar y se arruine el caramelo.
• La temperatura de 135 grados permite obtener caramelo blando, que es la fase anterior al caramelo duro o caramelo.

Barritas, cuadrados y golosinas

Marshmallows

36 unidades aproximadamente

Utensilios:

Bols - Cacerola - Cuchara de madera - Cucharitas - Batidora eléctrica
Vaso medidor - Molde cuadrado
Papel manteca - Cortantes formitas, varios

Ingredientes:

- Gelatina sin sabor, 20 gramos
- Agua 95 cm³
- Azúcar común, 295 gramos
- Glucosa 135 gramos
- Miel, 65 gramos
- Agua, 70 cm³
- Azúcar impalpable, 50 gramos
- Almidón de maíz, 50 gramos

Para saborizar y colorear
- Colorantes alimentarios, color a elección
- Esencias, a elección

Preparación

1. Mezclar y tamizar el azúcar impalpable con el almidón de maíz y reservar.

2. Mezclar el azúcar, con los 70 cm³ de agua, la glucosa y la miel en la cacerolita con la cuchara de madera y cocinar hasta llegar a 122 grados.

3. Retirar del fuego, pasar a un bols enlozado o de metal y entibiar.

4. Hidratar la gelatina con los 95 cm³ de agua fría y calentar sin que hierva para disolverla.

5. Agregar la gelatina hidratada a la preparación anterior, o sea, al almíbar, y batir durante 10 minutos con la batidora eléctrica a velocidad alta.

6. Agregar la esencia y el colorante elegido.

7. Sobre un molde cuadrado, forrado con papel manteca y espolvoreado con la mezcla del almidón y el azúcar, estirar la preparación, enfriar y coagular.

8. Realizar formitas con los cortantes o cortar en cuadraditos de 4 x 4 cm.

9. Volver a cubrir con más almidón y azúcar impalpable.

Tips

• Cuando el azúcar comience a hervir, colocar el termómetro especial para caramelo en la cacerola, con la punta hacia abajo, en contacto con la preparación.
• La temperatura de 122 grados es una fase de bola dura. Para evitar posibles quemaduras al comprobar el punto del almíbar, es conveniente trabajar con un termómetro especial para caramelo.
• Para hidratar la gelatina: espolvorear sobre el agua, y dejar reposar durante unos minutos, luego calentar apenas en el horno de microondas sin que llegue a hervir y revolver, para que se disuelva por completo. Utilizar un bols apto para microondas.

Barritas, cuadrados y golosinas

Pochoclo dulce y salado

2 porciones

Utensilios:

Cacerola con tapa - Cacerola chica - Cuchara de madera
Bols - Termómetro especial para caramelo

Ingredientes:

- 100 gramos de maíz pisingallo
- 2 cucharadas de aceite de girasol

Opción dulce
- Caramelo
- Azúcar común, 100 gramos
- Agua, 30 cm³

Opción salada
- Sal, cantidad necesaria

Preparación

1. Calentar el aceite en la cacerola, y luego agregar el maíz pisingallo.

2. Tapar la cacerola y cocinar a fuego mediano, moviendo ocasionalmente la cacerola, hasta que empiecen a saltar los granos y golpeen contra la tapa de la cacerola.

3. Bajar el fuego y esperar a que terminen de saltar; esto ocurre cuando ya está listo el pochoclo.

4. Volcar el pochoclo en un bols y agregarle el caramelo para la opción dulce o sal a gusto si se desean salados.

Preparación del caramelo

1. Colocar el agua con el azúcar en la cacerola pequeña y llevar al fuego. Revolver con la cuchara de madera solo hasta que se disuelva el azúcar y antes de que comience a hervir la preparación.

2. Hervir hasta que alcance el punto caramelo, o sea, hasta que el termómetro especial para caramelo alcance los 155 grados.

3. Retirar y volcar el caramelo sobre el pochoclo listo y mezclar rápidamente con la cuchara de madera.

Tips

• No levantar la tapa de la cacerola mientras los pochoclos estén saltando para evitar posibles quemaduras.
• Cuando el azúcar comience a hervir, colocar el termómetro especial para caramelo en la cacerola con la punta hacia abajo, en contacto con la preparación, hasta lograr el punto de caramelo.

Alfajorcitos, cookies decoradas y rellenas

Alfajorcitos de maicena de chocolate

30 alfajorcitos aproximadamente.

Utensilios:

Placa para horno - Colador para tamizar - Cucharita de té - Cuchara de madera - Bols - Espátula
Cuchillo para untar - Cortante redondo de 3 cm para minialfajorcitos

Ingredientes:

- Harina 0000, 150 gramos
- Cacao dulce, 50 gramos
- Almidón de maíz, 300 gramos
- Polvo de hornear, 2 cucharaditas al ras
- Bicarbonato de soda, ½ cucharadita
- Manteca, 200 gramos
- Azúcar impalpable, 150 gramos
- Huevo, 1
- Yemas, 3
- Esencia de vainilla, 2 tapitas
- Dulce de leche para rellenar, 500 gramos
- Coco rallado, cantidad necesaria

Preparación

1. Tamizar el almidón de maíz, la harina, el bicarbonato y el cacao junto con el polvo de hornear. Reservar.

2. Batir en el bols, la manteca con el azúcar y la esencia de vainilla con la cuchara de madera hasta formar una cremita.

3. Incorporar el huevo y las yemas de a una por vez, mezclando bien entre cada adición.

4. Agregar, a continuación, los ingredientes secos tamizados y unir todo, sin amasar mucho, hasta lograr una masa suave y homogénea. Envolver con papel film y enfriar en la heladera durante 15 minutos.

5. Tomar la masa y estirarla sobre la mesada espolvoreada con harina hasta alcanzar ½ cm de espesor.

6. Cortar tapitas de unos 3 cm de diámetro utilizando el cortante, y colocar sobre placa de horno enmantecada.

7. Cocinar en horno moderado hasta que las bases estén levemente doradas de 8 a 10 minutos aproximadamente.

8. Retirar las tapas con ayuda de una espátula y dejar enfriar.

9. Por último, formar cada alfajor uniendo dos tapas con el dulce de leche. Pintar el borde con dulce y pasarlo por el coco rallado.

Tip

Tamizar: pasar por un colador con malla fina para quitar los grumos.

Alfajorcitos, cookies decoradas y rellenas

Alfajorcitos marplatenses negros

8 a 10 alfajores aproximadamente.

Utensilios:

Bols - Cuchara de madera - Vasito medidor - Cuchillo - Cuchara sopera - Cucharita de té - Tenedor - Papel film - Palo de amasar - Cortante circular N.º 5 - Placa para horno Colador grande con malla fina para tamizar - Cacerola mediana para baño María

Ingredientes:

- Harina 0000, 250 gramos
- Almidón de maíz, 50 gramos
- Cacao amargo, 15 gramos
- Azúcar, 100 gramos
- Miel, 25 gramos
- Manteca, 100 gramos
- Huevo, 1
- Extracto de malta, 20 gramos
- Agua, 15 cm^3
- Bicarbonato de sodio, ½ cucharadita de té

Para el relleno
- Dulce de leche, 600 gramos

Para el baño
- Chocolate para baño negro, 300 gramos

Preparación

1. Batir la manteca con el azúcar, con la ayuda de la cuchara de madera hasta que quede una cremita clarita.

2. Agregar el extracto de malta, la miel y el huevo. Disolver el bicarbonato en el agua y agregar a la preparación anterior.

3. Añadir los ingredientes secos previamente tamizados.

4. Unir hasta formar una masa, sin amasar demasiado y llevar a la heladera.

Tips

• Para derretir el chocolate picado en el horno de microondas, colocarlo en un bols apto para este tipo de cocción y luego seleccionar la máxima potencia durante 1 minuto. Retirar, mezclar con una cuchara y luego volver a poner durante 1 minuto más.
• Baño María: colocar un bols de acero o enlozado dentro de una cacerola con agua hasta la mitad y llevar al fuego para derretir.
• Tamizar: pasar por un colador con malla fina para quitar los grumos.
• Para realizar el baño de los alfajores: colocar cada alfajor arriba de un tenedor, sumergirlo apenas y, al mismo tiempo, volcar el chocolate en forma abundante con ayuda de una cuchara, de manera que caiga y se bañe por completo rápidamente.

5. Estirar la masa aproximadamente de 3 mm de espesor. Cortar con un cortante circular de 4 cm de diámetro.

6. Ubicar las tapitas en placas previamente enmantecadas y hornear a 190 grados hasta que comiencen a dorarse (aproximadamente 10 minutos).

7. Dejar enfriar las tapitas y rellenarlas con dulce de leche. Colocar la tapitas para formar los alfajores y bañar con el chocolate derretido.

Alfajorcitos, cookies decoradas y rellenas

Conitos de dulce de leche

56 conitos aproximadamente

Utensilios:

Bols - Cuchara de madera - Papel film - Palo de amasar - Cortante circular N.º 3 Placa para horno - Colador grande con malla fina para tamizar - Cacerola mediana para baño María - Manga con pico liso - Papel manteca

Ingredientes:

- Harina 0000, 270 gramos
- Cacao, 30 gramos
- Manteca, 150 gramos
- Azúcar impalpable, 130 gramos
- Huevo, 1
- Sal, 1 pizca
- Polvo de hornear, 1 pizca
- Esencia de vainilla, 2 tapitas

Para el relleno
- Chocolate para baño de repostería marrón, 500 gramos
- Dulce de leche repostero, 1 kilo

Preparación

1. Batir la manteca con el azúcar impalpable y la esencia de vainilla con la ayuda de la cuchara de madera.
2. Incorporar el huevo y mezclar bien con la preparación anterior.
3. Agregar la harina previamente tamizada con el cacao, la sal y el polvo de hornear.
4. Unir, sin amasar demasiado, hasta formar una masa.
5. Envolver la masa con papel film y enfriar durante 1 hora.
6. Estirar la masa de 3 mm de espesor y cortar las tapitas con el cortante circular.

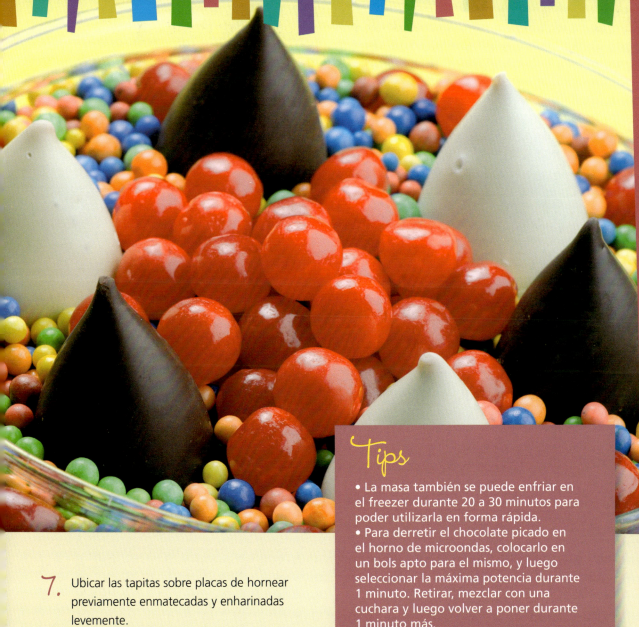

7. Ubicar las tapitas sobre placas de hornear previamente enmatecadas y enharinadas levemente.

8. Cocinar durante 10 a 12 minutos.

9. Retirar y dejar enfriar.

10. Para el armado de los conitos, derretir el baño de repostería picado a baño María. Reservar.

11. Rellenar las tapitas cocidas con ayuda de una manga pastelera con pico liso, realizando un copo de dulce de leche sobre cada tapita. Enfriar durante 2 horas.

12. Bañar con el chocolate tomando el conito de la base y sumergiéndolo hacia abajo hasta cubrir todo el dulce de leche.

13. Escurrir antes de darlo vuelta, y dejar solidificar sobre una placa con papel manteca.

Tips

• La masa también se puede enfriar en el freezer durante 20 a 30 minutos para poder utilizarla en forma rápida.
• Para derretir el chocolate picado en el horno de microondas, colocarlo en un bols apto para el mismo, y luego seleccionar la máxima potencia durante 1 minuto. Retirar, mezclar con una cuchara y luego volver a poner durante 1 minuto más.
• Baño María: colocar un bols de acero o enlozado dentro de una cacerola con agua hasta la mitad y llevar al fuego para derretir.
• Tamizar: pasar por un colador con malla fina para quitar los grumos.

• Opcional: se puede utilizar baño de repostería blanco para realizar conitos blancos.

Alfajorcitos, cookies decoradas y rellenas

Cookies arlequín

20 a 24 cookies aproximadamente

Utensilios:
Bols - Cuchara de madera - Palo de amasar - Pincel
Colador grande para tamizar - Placas para horno
Papel film - Papel manteca

Ingredientes:

Para la masa de vainilla
- Manteca, 80 gramos
- Azúcar común, 100 gramos
- Sal, 1 pizca
- Huevo, 1
- Harina 0000, 200 gramos
- Ralladura de limón, ¼
- Esencia de vainilla, 1 tapita

Para la masa de chocolate
- Manteca, 80 gramos
- Azúcar común, 100 gramos
- Sal, 1 pizca
- Huevo, 1
- Harina 0000, 180 gramos
- Cacao dulce, 20 gramos
- Esencia de vainilla, 2 tapitas

Para pintar
- Yema, 1, batida con 2 cucharadas de leche

Preparación

Para la masa de vainilla

1. Batir en el bols, utilizando la cuchara de madera, la manteca con la sal, el azúcar, la esencia y la ralladura de limón hasta obtener una cremita.

2. Agregar el huevo y mezclar bien todo.

3. Por último, incorporar la harina, unir rápidamente hasta formar una masa, envolver con papel film y enfriar durante 1 hora.

Para la masa de chocolate

1. La masa de chocolate se realiza igual que la de vainilla, la única diferencia es que hay que incorporar la harina y el cacao juntos, tamizados previamente, y reemplazar la ralladura de limón por esencia de vainilla.

Armado de las cookies

1. Estirar la masa de vainilla sobre papel manteca enharinado en forma rectangular de 10 mm de espesor.

Tips

- Antes de estirar ambas masas —la de chocolate y la de vainilla—, amasarlas un poco de modo que el frío esté parejo en toda la masa para que, al estirarlas, no se rompan.
- Es importante respetar los tiempos de frío para poder cortar las tiras y armarlas luego.
- El enfriado final de 2 horas evita que, al cortarlas, se mezcle la vainilla con el chocolate.

2. Enfriar durante 1 hora.

3. Estirar la masa de chocolate sobre papel manteca enharinado en forma rectangular de 10 mm de espesor.

4. Enfriar nuevamente durante 1 hora.

5. Retirar la masa de vainilla de la heladera y cortar tiras de 10 mm de ancho.

6. Realizar la misma operación con la masa de chocolate.

7. Para realizar el damero, colocar una tira de vainilla, pintarla con la yema batida con la leche, en el costado y adherirle una tira de chocolate. Repetir con una de vainilla y luego, otra de chocolate, o sea, cuatro tiras en total (dos tiras de vainilla intercaladas con dos de chocolate).

8. Para la segunda capa, realizar la misma operación, pero comenzar con una de chocolate y, a continuación, con la de vainilla hasta completar las cuatro tiras.

9. Realizar tres capas y luego envolver con papel film y enfriar durante 2 horas antes de cortar.

10. Recortar los bordes para emparejar.

11. Cortar las cookies damero de ½ cm de espesor, y colocar sobre placas enmantecadas.

12. Cocinar en horno moderado a 180 grados durante 12 a 15 minutos aproximadamente.

Alfajorcitos, cookies decoradas y rellenas

Cookies grandes decoradas

10 cookies aproximadamente

Utensilios:

Bols - Cuchara de madera - Cucharita de té - Batidora eléctrica - Palo de amasar - Escarbadientes Colorantes alimentarios diferentes colores - Papel film - Colador grande con malla fina para tamizar - Cortantes grandes para cookies - Manga descartable con pico liso N.º 3 o 4 para delinear - Placas para horno

Ingredientes:

- Harina 0000, 300 gramos
- Manteca, 200 gramos
- Azúcar, 100 gramos
- Huevo, 1
- Ralladura de limón, ½
- Esencia de vainilla, 1 cucharadita de té
- Sal, 1 pizca

Para el glasé real
- Clara, 1
- Azúcar impalpable, de 200 a 250 gramos
- Jugo de limón o ácido acético, unas gotitas

Preparación

1. Colocar adentro del bols la manteca con el azúcar, la ralladura y la esencia de vainilla. Mezclar con la cuchara de madera hasta que se integre todo y quede una mezcla de un color amarillo clarito.

2. Agregar el huevo, y luego la harina tamizada junto con la sal. Unir hasta formar la masa. Envolverla con papel film y enfriar durante 1 hora.

3. Retirar la masa de la heladera, y estirarla con ayuda del palo de amasar sobre la mesada enharinada (tratar de que la masa quede toda de un mismo espesor).

Tips

- El glasé real estará listo cuando la consistencia esté firme y opaca, y puedan formar picos duros. Si se agrega azúcar impalpable de más, se puede agregar un poquito más de jugo de limón hasta lograr el punto adecuado.
- Mantener el glasé con un separador en contacto hasta el momento de utilizar para evitar que se seque.
- Es conveniente utilizar una manga descartable por cada color.
- En el momento de colorear el glasé, los colorantes se oscurecen al secar.
- Tamizar: pasar por un colador con malla fina para quitar los grumos.

4. Realizar las formas con los cortantes y colocarlas sobre una placa de horno previamente enmantecada.

5. Hornear las cookies en horno precalentado moderado a 180 grados durante 10 a 12 minutos, retirarlas y colocarlas sobre una rejilla hasta enfriar.

6. Preparar el glasé real batiendo en un bols la clara con la mitad del azúcar impalpable y agregar el jugo de limón o ácido acético. Continuar batiendo y agregar el resto del azúcar de a poco según la necesidad.

7. Distribuir una pequeña cantidad en diferentes bols.

8. Colocar, con la ayuda de un escarbadientes, un poquito de colorante del color elegido y mezclar.

9. Cargar la manga descartable con pico liso N.° 3 o 4 y realizar el delineado. Dejar secar.

10. Rellenar con una manga descartable sin pico. Dejar secar y luego con otra manga con pico liso N.° 3 o 4, realizar decoraciones.

Alfajorcitos, cookies decoradas y rellenas

Cookies pintorcitos

12 cookies aproximadamente

Utensilios:

Bols - Cuchara de madera - Papel film - Palo de amasar - Cortante circular de 5 cm de diámetro - Plato redondo - Escarbadientes - Pincel fino - Colorantes alimentarios diferentes colores - Papel de rollo - Colador grande con malla fina para tamizar - Placas para horno

Ingredientes:

- Harina 0000, 130 gramos
- Yemas, 2
- Azúcar, 75 gramos
- Manteca, 60 gramos
- Esencia de vainilla, 2 tapitas
- Ralladura de limón, ¼

Para glaseado
- Mezclar en un bols 100 gramos de azúcar impalpable con dos cucharadas soperas de agua o hasta obtener una consistencia espesa y untable a la vez.

Preparación

1. Mezclar en un bols, con la ayuda de la cuchara de madera, la manteca blanda con el azúcar, la esencia de vainilla y la ralladura de limón.

2. Agregar las yemas de a una por vez, y por último, la harina tamizada.

3. Unir todo sin amasar mucho hasta obtener una masa. Envolver la masa en papel film y llevar al frío durante 1 hora.

4. Retirar la masa de la heladera y amasarla un poco para que el frío se distribuya en forma pareja.

5. Estirarla sobre mesada levemente enharinada dejándola de 3 mm de espesor.

Tips

- Utilizar huevos grandes.
- Si la masa no queda elástica (esto dependerá del tamaño de las yemas) agregarle una o 2 cucharaditas de agua.
- Al pintar las cookies, no excederse con la cantidad para mojar el pincel.
- Esperar hasta que el glaseado se seque bien, antes de comenzar con la decoración.
- Limpiar bien el pincel con papel al cambiar de color.
- Tamizar: pasar por un colador con malla fina para quitar los grumos.

6. Marcar las cookies con el cortante y luego ubicarlas sobre una bandeja levemente enmantecada. Repetir esta operación con el resto de la masa que haya quedado.

7. Cocinar en horno moderado durante 8 a 10 minutos aproximadamente. Retirar y dejar enfriar las cookies sobre una rejilla de alambre.

8. Una vez frías, proceder a realizar el glaseado extendiendo una fina capa de glasé sobre cada cookie y dejar secar.

9. Preparar la paleta de colores para decorar las cookies: colocar en un plato con la ayuda de un escarbadientes un poquito de colorante alimentario de los colores que hayas elegido.

10. Para la decoración: utilizando un pincel de punta fina, mojado apenas con un poquito de agua (para evitar que luego se corra el color en toda la cookie), pintar con el colorante elegido, realizando diseños divertidos... ¡dejando volar tu imaginación!

Alfajorcitos, cookies decoradas y rellenas

Lenguas de gato

25 lenguas de gato aproximadamente

Utensilios:

Bols - Cuchara de madera - Batidor manual o tenedor - Colador grande con malla fina para tamizar - Placas para horno - Cuchara sopera - Manga pastelera con boquilla lisa grande - Espátula de goma - Espátula de metal - Silpat o plancha antiadherente de silicona - Bols apto para microondas

Ingredientes:

- Harina 0000, 100 gramos
- Azúcar impalpable, 80 gramos
- Manteca blanda, 65 gramos
- Esencia de vainilla, 1 tapita
- Ralladura de limón, ¼
- 2 claras

Para decorar
- Chocolate cobertura o especial para baño, 50 gramos
- Granas de colores, cantidad necesaria (opcional)
- Frutas secas picadas, cantidad necesaria (opcional)

Preparación

1. Batir adentro del bols, con la ayuda de la cuchara de madera, la manteca blanda con el azúcar impalpable, la esencia y la ralladura de limón, hasta que la mezcla esté de un color amarillo claro.

2. Incorporar las claras batidas ligeramente, de a poco y sin dejar de batir. Para evitar que se corte, agregar 2 cucharadas soperas de la harina ya calculada para la receta.

3. Agregar la harina tamizada de a cucharadas con la ayuda de una espátula de goma o la cuchara de madera.

4. Mezclar de a poco hasta que obtener una preparación uniforme.

5. Colocar la mezcla en una manga pastelera con pico liso y realizar lenguas sobre las placas cubiertas con el silpat, dejando una separación de 5 cm entre cada una, ya que las lenguas crecerán y se abrirán un poco durante la cocción.

6. Cocinar en horno 190 grados, de 8 a 10 minutos, o hasta que tengan el borde dorado y el centro amarillo.

7. Retirarlas, con la ayuda de una espátula de metal, antes de que se enfríen.

8. Bañar las puntas con el chocolate derretido y adherir las granas.

Tips

- Las claras batidas ligeramente se baten en un bols aparte, con la ayuda de un tenedor, sin llegar a punto de nieve o bien que no lleguen a montarse.
- Tamizar: pasar por un colador con malla fina para quitar los grumos.
- Para derretir el chocolate picado en el horno de microondas, colocarlo en un bols apto para el mismo y luego seleccionar la máxima potencia durante 1 minuto. Retirar, mezclar con una cuchara y luego volver a poner durante 1 minuto más en caso de ser necesario.

Alfajorcitos, cookies decoradas y rellenas

Masitas secas con miel y canela

45 masas secas aproximadamente

Utensilios:

Procesadora - Papel film - Palo de amasar - Cortantes con formitas - Cuchillo para untar - Colador grande con malla fina para tamizar - Bols apto para microondas

Ingredientes:

Masa
- Harina 0000, 200 gramos
- Almidón de Maíz, 50 gramos
- Azúcar impalpable, 50 gramos
- Canela, 1/4 cucharadita
- Miel, 40 gramos
- Manteca, 125 gramos
- Yema, 1

Para la decoración
- Dulce de leche repostero, 100 gramos
- Coco, cantidad necesaria (opcional)
- Chocolate para baño o cobertura, 100 gramos

Preparación

1. Procesar los secos previamente tamizados, o sea, la harina, el almidón de maíz, el azúcar impalpable y la canela, junto con la manteca.

2. Agregar la miel y la yema, y procesar hasta formar la masa.

3. Enfriar la masa envuelta en papel film en la heladera.

4. Estirar, cortar formitas y hornear a 180 grados, hasta dorar apenas un poco.

5. Enfriar.

6. Unir las formitas de a dos rellenando con el dulce de leche y luego decorar con el chocolate.

7. Se pueden decorar algunas formitas sin rellenar.

Tips

• La masa también se puede enfriar en el freezer durante 20 a 30 minutos para poder utilizarla en forma rápida.
• Para derretir el chocolate picado en el horno de microondas, colocarlo en un bols apto para el mismo, y luego seleccionar la máxima potencia durante 1 minuto. Retirar, mezclar con una cuchara y luego volver a poner durante 1 minuto más.
• Tamizar: pasar por un colador con malla fina para quitar los grumos.

Alfajorcitos, cookies decoradas y rellenas

Rogelitos

30 rogelitos aproximadamente

Utensilios:

Bols - Vasito medidor - Papel film - Placa para horno Tenedor - Cuchillo - Cuchara sopera - Cuchara de té Palo de amasar - Cornet o espátula de plástico - Cortante circular N.º 3 - Rejilla de alambre - Colador grande con malla fina para tamizar

Ingredientes:

- Harina 0000, 200 gramos
- Sal, 1 pizca
- Azúcar común, 1 cucharadita de té
- Yemas, 2
- Manteca, 50 gramos
- Agua, 100 cm^3
- Licor de anís, 1 a 2 cucharaditas de té
- Manteca para enmantecar, cantidad necesaria

Para el relleno
- Dulce de leche repostero, 500 gramos

Para el glasé
Mezclar en un bols 150 gramos de azúcar impalpable con 3 cucharadas soperas de agua o hasta obtener una consistencia espesa y untable a la vez.

Preparación

1. Colocar la harina tamizada junto con la pizca de sal adentro del bols en forma de corona.

2. Incorporar en el centro las yemas, el azúcar, el licor y el agua. Comenzar a unir y agregar la manteca en cubitos pequeños.

3. Amasar bien hasta obtener una masa lisa y elástica.

4. Envolver la masa con papel film y dejar descansar a temperatura ambiente durante 30 minutos.

5. Estirarla con un palo de amasar sobre la mesada espolvoreada con harina, hasta dejarla de 2 a 3 mm de espesor. Cortar las tapitas con el cortante redondo.

6. Ubicar las tapitas sobre las placas de horno levemente enmantecadas, y pincharlas en el centro con el tenedor.

7. Cocinar en horno a 200 grados hasta que comiencen a tomar color. Retirar y dejar enfriar sobre una rejilla de alambre.

8. Unir las tapitas de a dos untando la de abajo con el dulce de leche.

9. Antes de colocar la tapita de arriba, realizar el glaseado: extender una fina capa de glasé sobre cada tapita. Dejar secar y luego adherirlas sobre cada rogelito.

Tips

• Las tapitas se pinchan para evitar que se inflen en el horno.
• El descanso de la masa es importante para luego poder estirarla com mayor facilidad.
• Tamizar: pasar por un colador con malla fina para quitar los grumos.

Alfajorcitos, cookies decoradas y rellenas

Sonrisas de limón

15 sonrisas aproximadamente

Utensilios:

Bols - Cuchara de madera - Palo de amasar - Cortante rizado de 5 cm de diámetro
Cortante forma de gota liso chico - Pico punta redonda lisa - Cuchillo para untar
Colador grande con malla fina para tamizar - Placas para horno - Papel film

Ingredientes:

Para la masa
- Manteca, 130 gramos
- Azúcar impalpable, 125 gramos
- Sal, 1 pizca
- Ralladura de limón, ½
- Esencia de vainilla, 1 tapita
- Huevo, 1 o 3 yemas
- Harina 0000, 270 gramos
- Polvo de hornear, 1 pizca

Para el relleno de limón
- Margarina para repostería, 200 gramos
- Azúcar impalpable, 250 gramos
- Esencia de limón, 4 tapitas

Preparación

1. Colocar la manteca con el azúcar, la ralladura de limón y la esencia de vainilla en el bols y mezclar, con la ayuda de la cuchara de madera, hasta obtener una mezcla cremosa.

2. Agregar las yemas de a una por vez.

3. Incorporar la harina previamente tamizada junto con el polvo de hornear y la pizca de sal. Unir sin amasar demasiado hasta formar una masa.

4. Envolver la masa con papel film, y enfriar en la heladera durante 1 hora.

5. Estirar la masa en forma pareja hasta que tenga un espesor de 5 mm.

Tips

- Es importante trabajar con la masa fría para que no se deformen las tapas y los orificios.
- Tamizar: pasar por un colador con malla fina para quitar los grumos.
- Se pueden decorar los ojos con confites amarillos.

6. Cortar las tapas con el cortante rizado y acomodarlas sobre las placas hasta completar.

7. Con el cortante en forma de gota chica, calar la mitad de las galletitas realizando el orificio para la sonrisa.

8. Con un pico con punta redonda lisa, calar los ojos en las anteriores.

9. Cocinar las bases y tapas en horno moderado a 180 grados durante 8 a 10 minutos.

10. Retirar y dejar enfriar.

11. Para el relleno, mezclar la margarina blanda y el azúcar impalpable en un bols, con la cuchara de madera, hasta obtener una consistencia cremosa.

12. Agregar de a poco la esencia de limón de a una tapita por vez, y mezclar nuevamente hasta integrar y obtener una cremita untable. Reservar.

13. Rellenar las tapitas sin calar del revés, o sea, del lado plano, con la ayuda de un cuchillo para untar, realizando un copito en el centro.

14. Cubrir con las tapas caladas presionando suavemente para que la crema de limón se asome por los orificios.

Copas, licuados, refrescos, shakes y smoothies

Copa chocotorta

4 copas aproximadamente

Utensilios:

Bols - Cuchara sopera - Rallador - Copas de vidrio

Ingredientes:

- Galletitas de chocolate tipo chocolinas, 250 gramos (1 paquete grande)
- Dulce de leche repostero, 500 gramos
- Queso crema, 500 gramos (1 pote)
- Leche para remojar las galletitas, cantidad necesaria

Opcional
- Galletitas de chocolate tipo óreo molidas, cantidad necesaria

Para decorar
- Galletitas de chocolate ralladas, cantidad necesaria
- Formitas de golosinas tipo yummies, cantidad necesaria

Preparación

1. Mezclar el dulce de leche con el queso crema dentro de un bols hasta que quede una mezcla homogénea. Reservar en la heladera.

2. Partir groseramente las galletitas de chocolate y luego remojarlas en la leche.

3. Armar las copas alternando capas de las galletitas de chocolate remojadas con capas de la mezcla del dulce de leche y queso crema.

4. Al finalizar, decorar con galletitas de chocolate ralladas.

Tips

- Se puede reemplazar el dulce de leche repostero por dulce de leche común.
- Se pueden remojar las galletitas en café o chocolatada.
- Se puede intercalar entre las capas de galletitas de chocolate húmedas y la mezcla del dulce de leche con queso crema, galletitas molidas de chocolate tipo óreo.

Variante Torta Chocotorta

Utensilios

Bols - Cuchara sopera - Rallador
Aro rectangular de 20 x 30 cm - Acetato para forrar los bordes del aro - Bandeja rectangular

Preparación

Forrar previamente los bordes del aro rectangular con tiras de papel acetato y ubicarlo sobre la bandeja. Luego ir haciendo una capa de galletitas y otra de la mezcla hasta llegar a la altura deseada.
Es importante enfriar bien antes de poner cada nueva capa de galletitas para evitar que se hundan en el relleno. Llevar al frío, y antes de servir, decorar con galletitas de chocolate ralladas.

Ingredientes

- Galletitas de chocolate tipo chocolinas, 500 gramos (2 paquetes grandes)
- Dulce de leche común, 600 gramos.
- Queso crema, 600 gramos.
- Leche para remojar las galletitas, cantidad necesaria.

Tip

Es aconsejable hacer la mezcla del dulce de leche y queso crema un día antes y dejar descansar en la heladera, para que esté fría y compacta.

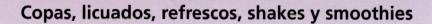

Copas, licuados, refrescos, shakes y smoothies

Copa merenguechips y frutos del bosque

4 copas aproximadamente

Utensilios:

Bols, varios - Cuchara sopera - Manga descartable - Copas de vidrio

Ingredientes:

- Merenguitos partidos o minimerenguitos, cantidad necesaria
- Frutos rojos al natural, 1 frasco
- Dulce de leche repostero, 500 gramos
- Chips de chocolate, cantidad necesaria
- Confites rojos, cantidad necesaria
- Almendras picadas, 4 cucharadas

Preparación

1. Colocar los frutos rojos escurridos en un bols y reservar.

2. Preparar en distintos bols, los merengues partidos, los chips de chocolate, las almendras picadas, los confites rojos, y en una manga sin pico, el dulce de leche repostero. Reservar.

3. Tomar una de las copas de vidrio y colocar los ingredientes en el siguiente orden: una capa de merenguitos, luego otra capa de frutos rojos, otra capa de dulce de leche, luego una capa de chips de chocolate y confites rojos.

4. Volver a repetir en el mismo orden y terminar con un copo de dulce de leche.

5. Decorar con las almendras picadas.

Tips

- Se pueden reemplazar los chips de chocolate por brownies cortados en cuadraditos chicos.
- Es importante escurrir bien los frutos rojos antes de rellenar las copas, para que los merenguitos queden bien crocantes.
- Para el relleno se puede utilizar dulce de leche común, pero para el copo de terminación usar solamente dulce de leche repostero para que quede bien armadito.

Copas, licuados, refrescos, shakes y smoothies

Licuado de durazno y naranja

2 vasos aproximadamente

Utensilios:

Exprimidor - Cuchillo y tabla - Abrelatas
Vaso - Licuadora

Ingredientes:

- Jugo de naranja dulce, 300 cm^3
- Duraznos en almíbar, 4 mitades
- Hielo, cantidad necesaria

Preparación

1. Lavar las naranjas y secarlas bien. Cortarlas por la mitad y luego exprimir.

2. Colocar el jugo exprimido de naranja y las mitades de duraznos en almíbar, junto con el hielo en la licuadora.

3. Licuar a potencia máxima. Retirar y servir bien frío.

Tips

- Es importante usar jugo de naranja natural dulce, para que no sea necesario el agregado de azúcar o almíbar.
- Jugo de naranja, 300 cm^3 (equivale al jugo exprimido de 4 naranjas aproximadamente, aunque esto dependerá del tamaño y del jugo que posean).

Limonada caserita

2 vasos aproximadamente

Utensilios:

Cacerola chica - Cuchara de madera - Rallador
Exprimidor - Licuadora - Vasito medidor

Tips
- Es importante enfriar bien el almíbar antes de utilizarlo. Se puede hacer antes y ya tenerlo listo en la heladera.
- Para evitar que el almíbar se invierta, se le puede poner una rebanadita muy finita de limón al momento de prepararlo.

Ingredientes:

- Azúcar común, 130 gramos
- Agua, 120 cm³
- Jugo de limón, 120 cm³
- Ralladura de limón, ½
- Agua, 600 cm³ aproximadamente
- Cubitos de hielo, cantidad necesaria
- Hojitas de menta, 4 unidades (opcional)

Preparación

1. Calentar en una cacerolita a fuego mediano, el azúcar con el agua, mezclando con la cuchara de madera hasta que se disuelva el azúcar.

2. Llevar a hervir la preparación, bajar el fuego y continuar durante 1 minuto más, para lograr un almíbar. Enfriar y reservar.

3. Colocar en la licuadora la ralladura, el jugo y el agua restante. Agregarle el almíbar, las hojitas de menta (opcional) y el hielo, y licuar a velocidad máxima.

4. Servir bien frío.

Copa, licuados, refrescos, shakes y smoothies

Milkshake de chocolate

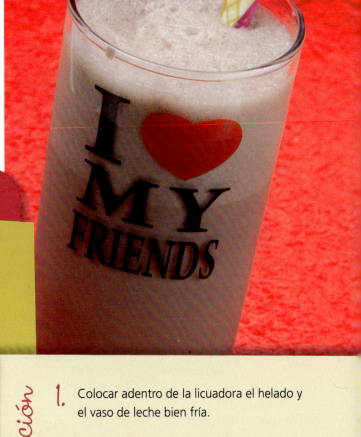

2 vasos aproximadamente

Utensilios:
Licuadora - Cuchara sopera - Vaso alto

Ingredientes:
- Chocolate, ½ kilo
- Leche bien fría, 1 vaso

Para decorar
- Pajitas divertidas

Preparación

1. Colocar adentro de la licuadora el helado y el vaso de leche bien fría.
2. Licuar hasta obtener una mezcla superespumosa.
3. Servir inmediatamente en el vaso.
4. Decorar con alguna pajita divertida.

Tip
- El milkshake se puede hacer con cualquier sabor de helado.

Smoothie de frambuesa y frutillas

2 vasos aproximadamente.

Utensilios:
Licuadora - Tabla y cuchillo - Cuchara sopera - Bols

Ingredientes:
- Yogur natural, 1 pote
- Frambuesas, 200 gramos
- Helado de frutilla, 2 bochas
- Banana cortada en rodajas, 1 grande
- Jugo de arándanos, 1 vaso
- Hielo, cantidad necesaria

Preparación

1. Lavar y cortar la fruta en trozos grandes y la banana en rodajas.

2. Colocar todos los ingredientes en la licuadora y por último. el hielo.

3. Licuar a velocidad máxima hasta obtener un batido espeso y bien frío.

Tips
- El smoothie es un batido de fruta cremoso preparado en base a trozos de frutas frescas o congeladas y jugo de frutas, con el agregado de yogur, hielo y helado.
- Prepararlo justo para cuando sea el momento de servirlo.

Tortas exprés

Tortapops chococorazón

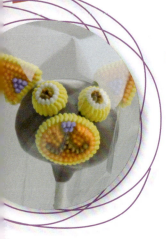

12 a 15 porciones aproximadamente

Utensilios:

Bols - Batidora eléctrica - Batidor de alambre - Espátula de goma
Cuchara sopera - Cucharita de té - Cuchara de madera - Molde corazón

Ingredientes:

- Harina leudante, 250 gramos
- Azúcar, 170 gramos
- Cacao dulce, 70 gramos
- Aceite de girasol, 85 cm^3
- Huevos, 2
- Bicarbonato de sodio, ½ cucharadita de té
- Sal, 1 pizca
- Agua hirviendo, 250 cm^3
- Miel, 1 cucharada sopera

Para forrar
- Dulce de leche repostero, cantidad necesaria
- Pasta cobertura, 500 gramos

Para decorar
- Cakepops a gusto

Preparación

1. Batir los huevos en un bols, y a continuación incorporar el aceite y la miel, y batir a velocidad baja hasta incorporar. Reservar.

2. Mezclar en otro bols todos los ingredientes secos previamente tamizados.

3. Incorporar los ingredientes secos tamizados al batido de los huevos con el aceite y la miel, intercalando con el agua hirviendo de a chorritos, y batir a velocidad baja hasta incorporar todo.

4. Batir, por último, a velocidad media hasta obtener una preparación bastante líquida y sin grumos.

5. Volcar la preparación en molde con forma de corazón, previamente enmantecado y enharinado.

6. Cocinar en horno moderado aproximadamente 35 minutos.

7. La torta estará lista cuando, al pinchar con un palillo de brocheta, este salga seco.

8. Dejar enfriar, desmoldar y luego untar con una muy fina capa de dulce de leche.

9. Estirar la pasta cobertura y forrar la torta.

10. Decorar con los pops que hayas realizado.

Tips

• No excederse con la cantidad de dulce de leche en el momento de untar para que quede bien prolija al cubrirla.
• No sobrebatir mucho la mezcla para que el bizcochuelo quede bien compacto y no se deforme.

Tortas exprés

Torta collage

30 a 35 porciones aproximadamente

Utensilios:

Bols - Batidora eléctrica - Cuchara sopera Espátula de goma - Molde rectangular de 25 x 35 cm - Rejilla de alambre - Cortantes con formitas - Pincel - Cuchillo para untar Escarbadientes

Ingredientes:

- Harina leudante, 400 gramos
- Yemas, 6
- Claras, 6
- Manteca, 400 gramos
- Azúcar, 300 gramos
- Coco rallado, 140 gramos
- Leche, 6 cucharadas
- Manteca y harina extra para enmantecar y enharinar el molde

Para el relleno
- Dulce de leche repostero, 500 gramos
- Coco rallado, 200 gramos

Para forrar el bizcochuelo
- Pasta cobertura blanca, 750 gramos
- Colorantes alimentarios, rosa, violeta, amarillo y azul

Preparación

1. Batir, en el bols la manteca con el azúcar hasta formar una cremita, luego agregar las yemas de a una por vez, batiendo entre cada adición.

2. A continuación, agregar el coco rallado y la harina tamizada mezclando bien a velocidad más baja.

3. Batir, en otro bols, las claras a nieve y luego agregarlas a la preparación anterior, con movimientos envolventes e intercalando con la leche.

4. Colocar la mezcla en el molde enmantecado y enharinado previamente, y llevar al horno moderado durante 40 minutos aproximadamente.

5. La torta estará lista cuando, al pincharla con un palillo de brocheta, este salga seco.

6. Retirar, enfriar y luego desmoldar sobre una rejilla de alambre.

7. Cortar longitudinalmente en el centro y rellenar con la mezcla de dulce de leche y coco rallado.

8. Untar la torta levemente con el dulce de leche y luego estirar la pasta cobertura blanca y forrar.

9. Dividir la pasta restante en varios bollitos y luego colorear con la ayuda un escarbadientes. Reservarlos hasta el momento de utilizarlos en bolsitas individuales para que no se seque la masa.

10. Estirar los bollitos coloreados y cortar las formas con los cortantes, e ir acomodando sobre la torta.

Tips

- Claras batidas a nieve: batir las claras hasta que estén bien blancas y consistentes.
- Realizar con una espátula de goma un movimiento envolvente en la mezcla, como si fuera una ola, para incorporar otro ingrediente.
- Calcular 500 gramos de pasta cobertura para forrar la torta y 250 gramos para colorear.
- No excederse con la cantidad de dulce de leche cuando se unte para que quede bien prolija.
- Utilizar la punta de un escarbadientes para colorear.
- Para pegar las piezas, mojar un pincel con un poquito de agua y pegar las formitas sobre la torta.
- Es conveniente cortar la torta para mejor rendimiento en cuadrados de 5 x 5 cm, o de 6 x 6 cm aproximadamente.

Tortas exprés

Torta Mis amigos

30 a 35 porciones aproximadamente

Utensilios:

Bols - Espátula de goma - Tenedor - Batidora eléctrica - Molde rectangular de 25 x 35 cm

Ingredientes:

- Harina leudante, 600 gramos
- Huevos, 6
- Azúcar común, 200 gramos
- Manteca, 200 gramos
- Jugo de naranja exprimido natural, 400 cm^3

Para el relleno
- Dulce de leche repostero, 500 gramos

Para forrar
- Dulce de leche repostero, cantidad necesaria
- Pasta cobertura, 600 gramos
- Marcadores comestibles, varios colores
- Colorante alimentarios, 2 colores a elección

Preparación

1. Batir la manteca con el azúcar, en el bols, hasta formar una cremita y luego agregar de a uno los huevos, batiendo entre cada adición.

2. A continuación, incorporar la harina tamizada, alternando con 250 cm^3 de jugo de naranja. Batir todo a velocidad baja hasta incorporar bien.

3. Colocar la preparación en el molde enmantecado y enharinado previamente, y llevar a horno moderado durante 30 minutos aproximadamente.

4. Retirar y pinchar la superficie con un tenedor.

5. Finalmente, volcar por encima con cuidado, los 150 cm^3 restantes de jugo de naranja. Llevar al horno nuevamente durante 10 a 15 minutos más, aproximadamente hasta terminar de cocinar.

6. La torta estará lista cuando, al pincharla en el centro con un palillo de brocheta, este salga casi seco.

7. Retirar, enfriar y luego desmoldar.

8. Cortar al medio longitudinalmente y rellenar.

9. Untar levemente con el dulce de leche repostero, luego estirar 500 gramos de pasta cobertura blanca y forrar la torta.

10. Con el resto de la pasta cobertura (100 gramos), teñir de dos colores a elección con los colorantes alimentarios y formar dos tiras largas. Entrelazarlas y pegarlas alrededor de la torta utilizando un pincel con agua.

11. Por último, antes de servir, colocar los adornos y que los invitados escriban un mensaje de cumpleaños al homenajeado.

Tips

- Tamizar: pasar por un colador con malla fina para quitar los grumos.
- No excederse con la cantidad de dulce de leche cuando se unte para que quede bien prolija al momento de cubrirla.
- Si no se consiguen marcadores comestibles, se los puede reemplazar por colorantes alimentarios de varios colores. Colocarlos con la ayuda de un escarbadientes sobre un plato a modo de paleta de pinturas y luego con un pincel de punta muy fina, mojado apenas en agua, elegir un color y escribir el mensaje. Utilizar para cada color un pincel distinto.

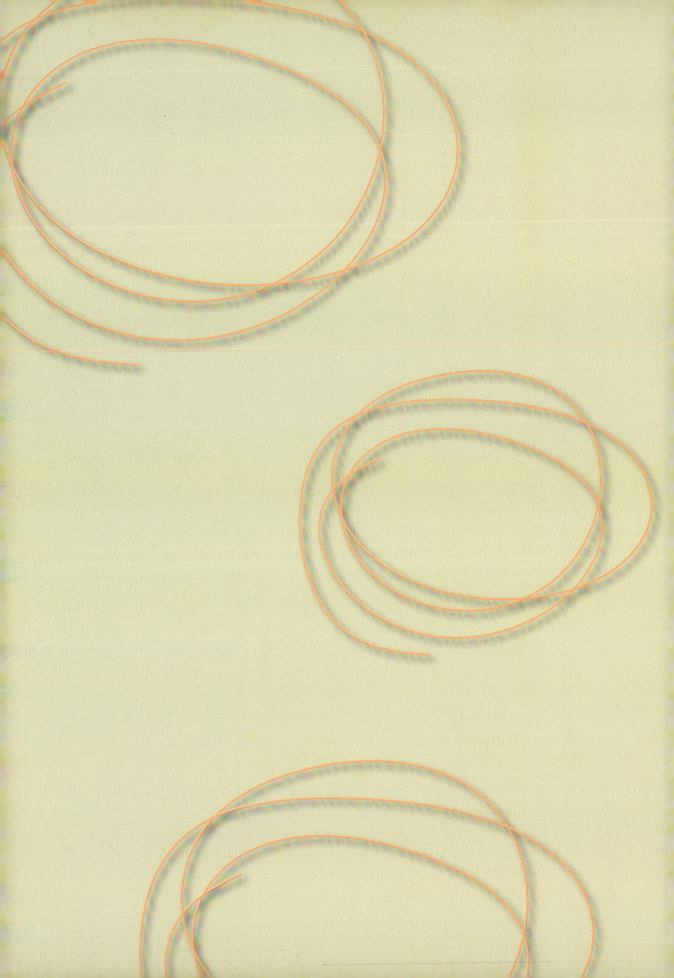

Mesas ambientadas

Adolescentes

Materiales

- Mantel fondo negro, con dibujos tipo pac-man en colores rojo, celeste y amarillo, combinado con banderines de fondo con mismo dibujos y colores que el mantel
- Bandejas rectangulares chicas
- Bandeja rectangular para torta
- Bases cilíndricas de telgopor en color verde y negra
- Bols redondo, bajo y transparente, para huesitos masticables de colores
- Bols cuadrados
- Bonete de caramelos masticables
- Chupetines paletas
- Chupetines palitos
- Florero alto de vidrio grueso para confites multicolores
- Pajitas nota musical
- Platos blancos calados
- Vasos altos para smoothies o shakes
- Vasos bajos para postres fríos

Nenas

Materiales

- Mantel fondo rosa, estampado de heladitos, con predominio de colores: fucsia, verde agua, marrones, y lunares combinado con banderines de fondo con estampados de heladitos y chupetines en los mismo tonos del mantel
- Arbolito de marshmallows
- Bandejas rectangulares
- Bols blancos motivo de princesas, varios
- Caja decorada floral en colores pasteles
- Copa baja
- Copa capelina
- Helado grande de fantasía para decorar
- Lata decorada con motivo cupcakes
- Minicampanas para cupcakes
- Pajitas para heladitos
- Plato en forma corazón para torta
- Plato redondo blanco calado
- Taza portaservilletas con motivo de princesas
- Vasos altos para shakes

Nacimiento

Materiales

- Mantel fondo blanco con una guarda estampada de niños en colores pasteles
- Arbolito de marshmallows en color rosa
- Arbolito de caramelos de chupetes
- Bandejas rectangulares pequeñas
- Base cilíndrica de telgopor celeste
- Bases minicampanas para confites blancos y de colores
- Chupetines paletas
- Plato con pie blanco calado
- Plato redondo con estampado de pajaritos
- Plato redondo con ondas
- Servilletas de papel cuadrillé en colores pasteles

Nenes

Materiales

- Mantel tipo **The Cat in the Hat**, con fondo celeste y dibujos del personaje en colores azul francia, rojo, blanco, amarillo y negro, combinado con banderines de fondo en composé rayados en rojo, del mismo diseño de fondo del mantel
- Arbolito de chupetines rayados de colores
- Arbolito de paragüitas y golosinas de chocolate
- Bandejas rectangulares pequeñas
- Base cilíndricas en color rojo
- Base rectangular azul francia, para la torta
- Bols cuadrado
- Bols bajo circular de vidrio transparente para huesitos multicolores
- Copas para licuados
- Copa capelina
- Chupetines paletas de colores
- Chupetines palitos de colores
- Pajitas piratas
- Plato circular celeste pastel
- Plato circular con pie blanco decorado en el borde, con wrappers abiertos, que combinen con los cupcakes
- Plato circular estampado con caricatura de los autos locos

Índice de las recetas

Queridos cocineritos 5
Introducción para chicos y grandes 6
  Tips para preparar la fiesta
  de cumpleaños 6
  Algunos consejos acerca de la vajilla,
  la comida y la bebida 7
Todo sobre los popcakes
o popcocineritos 8

Frostings especiales
Buttercream 12
Merengue suizo 13
Crema de chocolate 14
Frosting Chocotorta 14

Cupcakes decorados
Cupcakes americanos 16
Cupcakes con manzanas
acarameladas 18
Cupcakes de chocolate 20
Cupcakes de vainilla, limón
y amapola 22
Cupcakes marmolados 24

Popcakes cocineritos
Cookies Popcocineritos Nacimiento 26
Cookies Popcocineritos Primavera 28
Popcocineritos Bonus 30
Popcocineritos Navidad 32
Popcocineritos San Valentín 34

Barritas, cuadrados y golosinas
Barrita de cereal 36
Cuadraditos Linzers 38
Cuadraditos de miel 40
Cuadraditos delicia de limón 42
Cuadraditos de marquise
y merengue 44

Formitas de azúcar de colores 46
Garrapiñada 48
Manzanas acarameladas 50
Marshmallows 52
Pochoclo dulce y salado 54

Alfajorcitos, cookies decoradas y rellenas
Alfajorcitos de maizena de chocolate 56
Alfajorcitos marplatenses negros 58
Conitos de dulce de leche 60
Cookies arlequín 62
Cookies grandes decoradas 64
Cookies pintorcitos 66
Lenguas de gato 68
Masitas secas con miel y canela 70
Rogelitos 72
Sonrisas de limón 74

Copas, licuados, refrescos, shakes y smoothies
Copa Chocotorta 76
Copa merenguechips y frutos
del bosque 78
Licuado de durazno y naranja 80
Limonada caserita 81
Milkshake chocolate 82
Smoothie de frambuesas y frutilla 83

Tortas exprés
Tortapops chococorazón 84
Torta collage 86
Torta Mis amigos 88

Mesas ambientadas
Mesa ambientada adolescentes 92
Mesa ambientada de nenas 93
Mesa ambientada Nacimiento 94
Mesa ambientada de nenes 95